U0641995

我的履历书

自传

樋口武男

〔日〕樋口武男 著

宋妍 译

Takeo Higuchi

人民东方出版传媒
People's Oriental Publishing & Media

东方出版社
The Oriental Press

写在前面的话

　　"我的履历书"是日本最大财经报纸《日本经济新闻》的知名连载专栏，于1956年开设，邀请日本各界及全球的精英亲笔撰写人生经历，每月一人。执笔者中有松下幸之助、本田宗一郎、稻盛和夫，也有英特尔、GE、IBM等企业的经营者。它曾被《读卖新闻》誉为"时代的见证人"。

　　其中部分"我的履历书"已被编成图书在日本出版，我们从中精选具有代表性的经营者的自传介绍给中国读者。这些经营者都曾面临生存或发展的困境，然而他们都能秉持正念，心怀为人类社会奉献的大义，以顺势而为和热爱思考的态度成就美好人生……

更重要的是，他们深受东方哲学和中国传统文化的影响，一生都在追求正确的为人之道，追求做人应有的姿态，坚持利他的美好心灵，坚持正确的活法和思维方式。这些追求和坚守与中国读者有着文化上的共鸣和"山川异域，风月同天"的内在联系。

实际上，不管时代如何变化，技术如何发达，古今中外的真理都是相通的，追求"作为人，何谓正确"更是一个历久弥新的人生课题。诚如稻盛和夫在其自传中所说："决定人生的并非好运或厄运，而是我们心灵的状态……对于那些正在认真思考自己人生的人，或者正在认真学习工作和经营精髓的人，我的经验或许可以提供参考。"如果读者能够通过阅读这套自传丛书获得一些启示，借鉴一些经验，我们的出版目的也就实现了。

东方出版社编辑部

前　言

"樋口君，到 2005 年公司创立 50 周年的时候，你能帮我把营业收入做到 1.5 万亿日元吧？"在创业 48 周年之际的 2003 年，正在石川县羽咋市一个山庄疗养的大和房屋工业①创始人石桥信夫老板对我说了这样一句话。我立即回答："我会努力做到的。"话音刚落，老板接着说："这样的话，100 周年时，你可要把公司做成一个营业收入达 10 万亿日元的企业集团哦！"创业 100 周年时，老板 134

① "大和房屋工业"指大和房屋工业株式会社，原著中的公司名均省略了"株式会社"，与作者表述保持一致，中文翻译时均省略"株式会社"。——译者注

岁，我 117 岁，毫无疑问，那时我们两个肯定都已离开人世。然而，那天晚上，我们却依旧热血沸腾地彻夜谈论着我们的梦想。

大和房屋工业是石桥老板白手起家创建的公司。它于 1959 年 4 月在大阪市西区成立，以"建筑的工业化"为目标，设计施工钢管建造的住宅"钢管结构房屋"。1959 年大和房屋工业开发的仅用时 3 小时就能建成的"小型房屋（Midget House）"大受欢迎。它成了工业化住宅的起点，也是现在的预制装配化住宅的原点。

我在 1963 年的夏天进入大和房屋工业。当时周刊杂志上刊登了一篇题为《作风硬朗的企业：大和房屋》的报道，我阅读了这篇文章后，毅然辞去中小型钢铁贸易公司的工作，通过社招进入了大和房屋工业。那会儿还是"钢铁兴国"的时代，周围的人都反对我从薪水可观、业绩稳定的公司辞职，但我就是不由自主地被"作风硬朗"这个词吸引住了。

我上大学时，曾看到母亲去当铺典当东西，那时我就立志"将来一定要成为企业家，好好孝敬父母"。为了锻炼自己，我敲开了"石桥道场"（这里是指抱着修行的态度进入大和房屋）的大门。虽说是自己选择的，但一路的修行艰难至极。重振陷入赤字经营的分店仅仅是"开胃小菜"。1993年，我被派到关联企业大和团地当社长，接过了这个"烫手的山芋"。这家公司有息负债高达营业收入的两倍，即将陷入资不抵债的境地。然而，石桥老板只说了一句"清除障碍，扭亏为盈"。实际上，终极难题是让上市公司大和房屋工业与大和团地合并，建成市值超过1万亿日元的企业。

　　我听过"给长势喜人的萝卜间苗"的说法。而石桥老板有一套与之"异曲同工"的独特的人事管理风格，与农业上把弱苗拔掉的传统做法不同，但是想要达到的效果是一样的。他认为把独占土壤养分的长势喜人的萝卜拔掉的话，养分就能滋养旁边那些小萝卜，如此一来，幼小的萝卜就能够茁壮成长。长势良好的萝卜即便被移栽到了未经开垦的贫瘠土地里，也能扎下根来，继续顽强生长。

在记忆中，我光是接受考验了，不曾获得"水分和肥料"的滋养，终于忍不住问道："也会有在荒地里无法生存的萝卜吧？"老板回答："要是枯萎了，就该放弃了。"创始人身上散发出来的惊人的魄力，令我肃然起敬。

年幼时，我就患有腰疾和肺病，跳槽到大和房屋工业之后更是患上了严重的胆囊炎，在医院治疗了很长时间。年轻的时候，由于急于提高业绩，十分焦虑，不惜对下属实施铁腕管理，所以不免成为"万人嫌"，恐怕被人在背后叫了无数次"魔鬼"了吧。令人振奋的是我这个"大萝卜"坚持了下来，没有中途一蹶不振，实属难得！

虽然我没有亲手创办公司，实现成为企业家这一梦想，但我自1984年成为大和房屋工业的董事之后，近30年来，一直从事着经营的工作。这也是我的幸运吧。石桥先生曾对我说："樋口君，你可要多和运气好的人交往。要是和运气差的人来往的话，连我们自己的好运也会被夺走的。"值得庆幸的是，（多年来）我获得了众多优秀人士的赏识。

在我的职业生涯中，一直有我的恩师石桥信夫老板的陪伴。虽然老板已于2003年驾鹤西去，但这一点从未改变。因为我依然致力于把公司经营成营业收入达10万亿日元的企业集团，我以此目标与吾师同行，持续着"道友二人"的修行之路。

目　录

第一章　奶奶的教诲

不许撒谎和隐瞒 ……………………………… 003

幼儿园真无聊 ………………………………… 008

"魔鬼"的青春期 ……………………………… 013

将来要成为企业家 …………………………… 017

做了 20 多份兼职 …………………………… 021

第二章　跳出舒适圈

尽可能吸收一切知识 ………………………… 027

请原谅我的任意妄为 ………………………… 031

大和房屋招聘提成制销售员 ………………… 035

第三章　斯巴达式的凡事彻底

睡四个小时都很奢侈 …………………………… 041

最重要的是决断 …………………………………… 046

觉悟和人脉 ………………………………………… 051

凡事彻底 …………………………………………… 055

想请你帮忙打理财产 ……………………………… 059

能看到墙壁对面的人 ……………………………… 063

充满考验的东京赴任 ……………………………… 068

出人头地，反哺尽孝 ……………………………… 072

全是固有观念，真是冥顽不灵 ………………… 076

第四章　蛹经营和当机立断

把它看作你的宿命 ………………………………… 083

清除障碍，扭亏为盈 ……………………………… 087

豁出命来得出的结论 ……………………………… 090

始于蛹 ……………………………………………… 094

现在正是好时机 ·· 098

第五章　消灭大企业病

1万亿日元的企业，开启新征程的社长 ·············· 103

赤字分店长的奖金为零 ································ 108

不换人是没有意义的 ································· 113

"大和房屋私塾"开讲 ······························· 117

只有两个人的董事会 ································· 120

你一点苦都没吃 ····································· 124

感谢你"唱黑脸" ··································· 126

向遗照发誓，实现V形复苏 ························· 130

无穷无尽的智慧源泉 ································· 134

第六章　停滞就是后退

进军海外 ·· 141

跨越领域，向10万亿日元规模迈进 ··············· 148

商品3年后就要送进坟墓 ·························· 153

速度就是最好的服务 ………………………………… 158

第七章　向着梦想前进

和"运气好的人"交往 ………………………… 167

保持战士的体魄 ……………………………… 171

高尔夫为我的人生赋彩 ……………………… 175

投身对社会有益的事业 ……………………… 180

M&A 总是基于共赢关系 ……………………… 184

服装可以反映很多信息 ……………………… 187

阪神老虎棒球队和我 ………………………… 190

不是要成为伟大的人，而是要成为优秀的人 ……… 196

结　　语 ……………………………………… 201

经营心得 ……………………………………… 207

樋口武男的年谱 ……………………………… 211

第一章 奶奶的教诲

不许撒谎和隐瞒

如果乘坐阪神电车，从大阪的梅田出发，驶向神户，那么穿过大阪府和兵库县的交界——左门殿川，最先到达的就是杭濑站。尼崎市的杭濑，这个普通老百姓聚集的地方，就是我的家乡。我出生于1938年4月29日，父亲叫樋口富太郎，是每日新闻社的一名印刷工；母亲名叫薰，是一名家庭主妇。我是家里的长子，有一个弟弟和两个妹妹。

我从小就有好动的毛病。据说我在一两岁的时候，曾从上铺的床上摔了下来。"在你的头马上就要着地的时候，你爸一下抓住了你的脚腕，这才救了你一命。"母亲经常跟我说起当时的情景。

父亲出生于尼崎市，体格健壮，胳膊像圆木头一样粗，平时沉默寡言，看起来很可怕。他颇有运动细胞，棒球和乒乓球都打得很好。要不是父亲擅长运动，我早已一命呜呼。在镇上的相扑比赛中，父亲总能赢得横纲的头衔。

爷爷是个大酒鬼，整天抱着酒桶，宅在杂物间，彻夜饮酒。与此相对，父亲虽然外表看起来很豪放，实际上却一滴酒都喝不了。我也一点都不能喝。

母亲来自松山市，婚前姓藤原，是一个典型的传统女性，非常温柔。

奶奶名叫霜，和我们一起生活，非常疼爱我，经常"武男，武男"地呼唤我。奶奶生于1878年，是一个非常有骨气的明治女性。她从不溺爱孩子，对礼节教养的要求极其严格。

在我4岁时候的一天早上，我尿床了。醒来发现之后，我立刻把被褥卷好藏了起来。之后，我就去附近的河里玩耍了。我和附近的大哥哥们一起堵住小河的两头儿，形成一个水坑，然后把坑里的积水舀出来，开始抓里面的小龙虾和小鱼。

没过多久，生了气的奶奶就追了过来。她把我带回家，把我绑在了杂物间的柱子上，用粗草绳绕了几圈。

因为我没吃早饭就跑了出去，所以当时肚子很饿。母亲心疼我，午后给我送来饭团。不料被奶奶发现，她一边说"孩子越惯越不成器"，一边把母亲赶了回去。

周围越来越暗，身边一点儿人声都没有，能听到的只有杂物间旁边养的20只鸡的鸣叫声和振翅声。我感到极其不安，于是大哭起来。在我哭得死去活来，眼泪都已经哭干的时候，奶奶出现了。她恳切地对我说："知道了吗？绝对不许撒谎和隐瞒！"说完终于为我解开了绳子。

曾经的我是一个典型的捣蛋鬼。小学四年级的时候，我在教室的推拉门上夹了一个黑板擦，老师一开门，黑板擦就掉下来砸到了他。被砸的老师曾经当过兵，很凶，非常严厉。他让我绕着操场跑了三圈，跑完之后，又对我说："把装着水的水桶举在头顶上，在走廊里罚站。"中途我偷偷地把水桶放了下来，却被发现，于是又被他用拖鞋教训了一顿。看到我脸上拖鞋形状的黑青，奶奶还在我伤口上撒盐："又干坏事了吧！"然后反复对我强调："千万不要给别人添麻烦。"

有一次，我打架没打赢，回到家，又被奶奶用竹棒打了一通。虽然我是小学生，对方是初中生，双方力量悬殊，奶奶却满不在乎地说："小富（指我的父亲富太郎）打架从没输过。"然后让我再去挑战，而且怕我逃跑，她还叉着腿站在我的身后紧紧盯着我。在第二次打架的过程中，无论对方怎么动手，我都紧紧地咬住他的胳膊，坚决不放，直到咬得对方大哭起来。

对方的母亲听到孩子的哭声，急忙赶了过来，结果奶奶大喝一声："孩子打架，父母不要参与！"对面说道："你不是也参与了吗？"奶奶回道："我是他奶奶，不是父母。"我从没见过像奶奶那样秉性刚强的人。奶奶的教诲有以下3点：

1. 绝对不许撒谎和隐瞒。

2. 不要给别人添麻烦。

3. 战则必胜。

世人常说："奶奶养大的孩子没出息。"为了改变这种刻板印象，我把奶奶告诉我的这3点教诲作为商业信条，时刻督促着现在的自己。

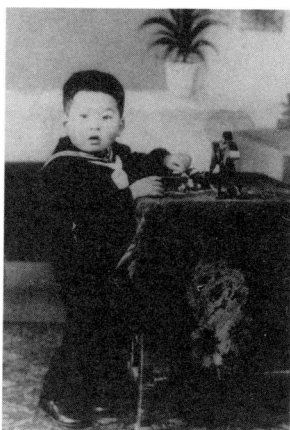

大约 4 岁时的我

和奶奶（前排左侧）、父母和弟弟（后排中间）在一起

幼儿园真无聊

1945 年 4 月，我进入尼崎市杭濑国民学校（现在的尼崎市立杭濑小学），开始上小学。之所以跳过幼儿园，是因为我对此没什么印象。据说当时父母把我送到了附近的幼儿园，我却说"那种地方真无聊"，然后没过几天就不去了。对此，母亲只好无奈地嘟囔道："好不容易才把你送进去……"

我记得那是在小学一年级的 6 月 1 日，我们遭到了低空飞行的美军 P-51 战斗机的机枪扫射。我和奶奶一起跑到家附近的防空洞。没过多久，十几架 B-29 轰炸机袭击了尼崎市，投掷了大量燃烧弹。这种燃烧弹是把六角形炮筒捆成蜂巢状的集束炸弹，里面封有油脂和弹药。它会在空中散开，辐射更大面积，造成火灾。燃烧弹迅猛掉落时发出的巨大声响，至今犹在我的耳畔回响。

B-29 轰炸机飞走后，我从防空洞里出来一看，周围已是一片火海。家门口的墙壁烧得通红，已经倒塌。我曾被奶奶用粗草绳绑起来，面壁思过时待的杂物间也燃烧着熊熊大火。突然，身后传来"啊——"的一声哀号。虽然我已忘记她的名字，但我记得那声音是住在我家后面的女孩发出的，她被炸弹的碎片或是其他东西击中，当场就命丧黄泉。

"这边!"奶奶拉着我的手，逃到后面的水田，之后沿着河堤，一直跑到战前建好的盐野义制药杭濑工厂。虽然直线距离只有 700 米左右，对于还是小孩子的我来说，却感觉跑了很远。我喘口气，回头一看，只见我家附近的尼崎市一带已经变成一片火海。《尼崎市史》记载，这一天共有 248 人死亡，是尼崎市死亡人数最多的一天。

因大火而无家可归的我们，举家搬到杭濑小学附近的一个出租屋。那时，我经常钻进木结构的小学校舍地板下架空层里，和朋友们玩侦探小游戏。尽管玩得衣服上都是泥，我却非常开心。我们还经常玩踢罐、捉迷藏的游戏。那时的我非常擅长运动，体育成绩非常好，一直是优。田径、相扑、棒球，什么都会。上小学时，因为体格高大魁梧，所以我在相扑运动中实力很强。此外，我跑得也很快，在运动会的接力赛中总是最后一棒。超过其他班原本领先的同学，真的很爽。父母也为我感到高兴。在棒球运动中，我是投手加第4棒击球手。每天我都会面对着学校游泳池的墙壁，不断练习投球。那时我真心打算将来加入阪神老虎棒球队，成为一名职业棒球运动员。

我的算数成绩也是优。能够彻底整除的运算题，非常符合我的胃口。我喜欢上珠心算培训班，所以经常去那里学习。遗憾的是，在我达到珠心算准二级的水平时，我被发现右肺长了淋巴结节。其实，在我更小的时候，左肺也得过同样的疾病。因为我一般是傍晚或晚上去珠心算培训班，所以奶奶说："天冷对肺不好，别去上培训班了。"但是我很想继续学习。父亲尝试为我说情，结果奶奶说了一句"小富（指我的父亲富太郎）闭嘴"，就瞬间为此事画上了句号。

我上初中一年级时，奶奶的身体状况变差了。在我去检查肺病时，我们请大阪大学医学部的名誉教授给奶奶也检查了一下。医生告诉我们："非常遗憾，病情很严重，现在已经无药可救了。"听到这句话，奶奶怒斥道："庸医！"奶奶虽然身患重病，却依旧精神矍铄，但在 72 岁去世前的几天，还是卧床不起了。

一天，奶奶把我和弟弟叫来，告诉我们："我再过 3 天就要死了。"听到奶奶的话，我说："别说这种丧气话。"结果，3 天后的晚上，奶奶吐出一口长长的气，真的离开了人世。我们在火葬场捡遗骨时，奶奶的骨头都碎成了末，抓都抓不起来。可见虽然奶奶从未表露过一丝一毫，但她患病时一定非常痛苦。奶奶真是一个刚毅不屈的人。

小学四五年级的时候，我们的班主任叫英露子（现在姓有田），她是一位公平公正的老师，从不偏袒任何一方，无论男生还是女生都很喜欢她。我当时非常讨厌音乐，所以总是不去上音乐课，从来没有唱过歌。即便如此，英老师对我的态度还是和其他同学一样，这令我非常开心。

虽然英老师现在已经 97 岁高龄，但是每当我们邀请她来参加我们的小学聚会时，她还是会像以前一样，从位于大阪市内的家里走出来参加聚会。大约 10 年前，老师和我们班的全体同学一起去北陆地区旅行，在旅店吃了螃蟹。吃完饭后，我们去了 KTV。在我点了一首歌，握住话筒时，老师非常惊讶地对我说："樋口君，你会唱歌？"

小学五年级时的一次郊游。后排最右侧是英老师，前排最左侧是我

"魔鬼"的青春期

1951 年 4 月，我进入尼崎市立小田南中学读书。虽然没有加入社团，但我依旧每天进行大量的运动。初中一年级的百米赛跑，我跑出了 12 秒 3 的好成绩。尼崎市民体育节上，田径队让我跑接力赛的第四棒，帮他们赢得比赛。因为体格比较健壮，所以我还参加了掷铅球比赛，预赛时第二名的好成绩激发了我的求胜欲，通过练习，最终在决赛时一举拔得头筹。

俗话说，乐极生悲。我由于在骨骼尚未发育完全时就进行了高强度的锻炼，因此不幸患上骨膜炎，只得住院接受治疗。更糟糕的是，在我出院时，腰部突然发出"嘎"的一声怪音，便无法动弹了。于是，我转院到位于大阪府中之岛的大阪大学医学部附属医院。医生用针管为我的脊髓注射了一些造影剂，把我放在台子上，一边转动我的身体，一边为我拍摄 X 光片，最后诊断为椎间盘破裂。

我的腰病持续了很多年，无论去哪家医院都治不好。自从我当上大和团地的社长，每次一腰疼，就得每 10 天去一次针灸馆，让疼痛得到缓解。不过，就算这次暂且治好了，还是会复发。腰部周围由于扎针太多，已经变成了黑色。大约 7 年前，我终于遇到一位精通东洋医学的名医，他大大缓解了我的腰痛，不过，那时我已经被逼无奈地和这顽固的腰痛相伴了 50 多年。

1954 年 4 月，我带着腰部的"定时炸弹"进入兵库县立尼崎高中读书。我瞒着家人加入柔道部，很快就被发现，只好选择退出。不过，退出柔道部后，我还是整天泡在柔道部的活动室里。高中时期我去北海道、九州等地旅游时，也是和柔道部的朋友们结伴去的。

虽然入学后我就开始认真学习，但是高中二年级时我的成绩开始下滑。一想到女朋友，我便无法专心学习。我和女朋友相识于杭濑小学，当时她转学过来，一年后，又转到了其他学校。她活泼可爱，擅长运动，我们情投意合，从初中到高中一直保持着书信往来。

有时我会去她家玩，有时她会来我家做客。朋友还和我打趣说："你应该会和她结婚吧！"多年后被人们恐惧地称为"魔鬼"的我也有过这样一段多愁善感的青葱岁月。然而，大学一年级时，我们断绝了音信。30多岁时，我们在大阪的阪急百货商场不期而遇，我说："好久不见啊，你结婚了吧？"她说："还没呢。"那便是我们最后一次相见。

秉持年轻人特有的一种正义感，我一直想成为检察官，抓坏蛋，所以报考大学时，我选择了国立大学的法学部，不过最后没考上。1957年4月我进入了关西学院大学的法学部。那时，我非常想进行格斗比赛。于是我死性不改地偷偷加入了空手道部。训练时经常需要练习正手拳冲拳，所以我拳头的形状会发生变化。弟弟看到我拳头变形后，告诉了父母，于是又东窗事发。

在我走向车站时，弟弟追了上来，一边说着"别再让老爸老妈担心"，一边把一封退部申请书摁在我身上。我放弃挣扎，跟空手道部的部长提出了退部申请，并附上之前患病时开的诊断证明。得知此事，前辈们扇了我好几个耳光，打得我满嘴是血。

后来，我打着"学英语"的旗号，经常前往大阪府土佐堀的 YMCA 国际学校。然而，这不过是个幌子，实际上我是去那里的体育馆学拳击和健身术的。

我从 2010 年秋天开始上英语一对一课程。既然我激励员工"要想让我们的事业走向世界，就一定要学好英语"，那么我就必须率先垂范。要是我之前在 YMCA 国际学校好好学习英语，就不必"活到老，学到老"了。可惜世上没有卖后悔药的。

摄于大学一年级。在兵库县西宫市的关西学院大学校园

将来要成为企业家

奈良时代，我的家乡杭濑还是一片海洋。神崎川搬运而来的沉积物慢慢堆积，逐渐形成一片沙滩。祖先们为了加固这片松软的地基，打下很多树桩。在日语中，树桩写作"株"，也可读作"kuize"，而杭濑的读音为"kuise"，因此，传说"杭濑"这个地名就是源于"株"字。平安时代，一个名叫"杭濑庄"的庄园出现，自此开始有人在这里居住。

曾经的农村杭濑，走上现代化道路始于建立大型纺织工厂。1913 年，大阪合同纺织（现在的东洋纺）神崎分店设立，1917 年，尼崎纺织（现在的尤尼吉可）杭濑工厂建成。1905 年阪神电车（阪神电气铁道）开通。1927 年增设了阪神国道电轨，它是在 2 号国道上行驶的路面电车，也被称为国道电车。沿线建起很多住宅区，杭濑成为新兴商业区，热闹非凡。

1945 年 6 月的空袭给商店带来毁灭性的打击，战后，出现了许多黑市。黑市的繁荣景象深深刺激着商店的老板，他们决心从废墟中勇敢地站起来，重建新的市场。1946 年 6 月，一个比战前规模更大的新型杭濑市场开业了。一说起杭濑的食物，我最先想到的就是尼米商店用新鲜鱼肉糜炸出来的天妇罗，那真的是一道美味佳肴。如今的店主是第四代传人，他继承着这家店和它 80 多年的历史。

那时，我们四个孩子正是食欲旺盛的时候，母亲为了给我们做饭，每天忙于采购食材。我们的邻镇有三和市场、新三和商业街和三和主街。人们都说："三和什么都有。"的确，这里连计划经济时期难以买到的鲜鱼都有。据说还有人专门大老远从京都跑来采购。我也经常和母亲一起去三和，我的任务是帮母亲拎东西。最后我们常常是双手抱着满满当当的食材，坐上挤满了人的国道电车，踏上归途。

曾经的杭濑比尼崎市的市中心还要繁华。最近，和很多地方一样，关门闭户的商店越来越多。六七年前，当地的相关人士曾问我："能为我们重新开发商业街吗?"虽然商店关门了，但是仍有很多人住在那里。我回答："现在还无法动手。"于是就没有后话了。

在杭濑生活的日子里，令我印象深刻的是 Jane 号台风。1950 年 9 月，这场台风席卷阪神地区。3.6 米的巨浪涌来，导致神崎川的堤坝决堤。尼崎市当时的 28 万人中有 24 万余人都遭遇了灾难。杭濑站附近被淹了 1—1.5 米。我家地势较高，因此没被淹没。当时我正上小学六年级，虽然水已经没过膝盖，我还是在街上四处探险。不知从哪个池塘逃出来的鲤鱼还在街上游来游去。

虽然父亲和祖母都很凶，但是母亲总是很温柔。母亲知道我非常喜欢甜咸口味的小菜，所以会经常做一些放在餐桌上。然而有一天，我却和她顶嘴了。那天我遇到了一些不高兴的事，就对她说出了"我又没让你把我生下来"这种遭天谴的话。我进入关西学院大学法学部读书后，很快就为此事感到后悔不已。因为有一天我偶然看到母亲把自己的和服给了当铺。

那一刻我突然长大了。尽管父亲在为整个家庭拼命工作，但母亲还是不得不去当铺典当东西。我意识到：原来普通员工无论再怎么努力，都只能过这样的日子啊！于是，我立下誓言：将来不做普通员工，一定要自己创业，成为企业家。

母亲和食欲旺盛的4个孩子
（后排中间是我）

做了 20 多份兼职

从小我就疾病缠身，让父母一直为我操心。因此，我迫切地想独当一面，早点尽孝。我想我不能再给父母增加额外的负担了，于是，为了攒大学学费，我前后做了 20 多份兼职。

在百货商店打工时，我的工作是在日用品区域站柜台。不过，商品由女店员介绍，我的任务是吸引人们来到柜台前。另外，我还做年中、岁末礼品的配送工作。因为体力很好，所以我在运输公司搬运货物时很受重用。除此之外，我还在大阪心斋桥的日动火灾海上保险公司（现在的东京海上日动火灾保险）做过文件整理工作。

在家乡杭濑，我给初中生做过家庭教师，最后帮助他考上了理想的高中，我也放下心来。我还在补习班教过数学。在钢材加工施工企业打工时，我登上正在施工的建筑物的二三楼，帮助工人弹作为作业标准的墨线。这是我第一次从事建筑相关的工作。

虽然兼职忙到天昏地暗，但我的学生活动依旧丰富多彩。我组建了一个名叫"达摩俱乐部"的业余棒球队，还有统一的队服。因为队里有的人来自棒球强校浪华商业高中（现在的浪商高中），所以我们队实力非常强。

迷上跳舞也是在这个时期。战前，兵库县尼崎市有很多舞厅。1927 年"尼崎舞厅"开业后，一家家舞厅不断出现。杭濑曾有一家名叫"杭濑厅"（1933 年改名为舞虎）的舞厅。

大学时期，我偶尔会去大阪南区一家名叫"富士"的大舞厅，基本是为了参加大学同学组织的"舞蹈派对"。"舞蹈派对"和最近流行的"联谊"差不多，是男生和女生的交友平台。每次参加"舞蹈派对"，我都会把皮鞋擦得锃亮，然后穿上干净的白衬衫，踏着轻快的舞步，跳一支伦巴或探戈。至少我自己认为我是这样的形象。

我用打工挣的钱去北海道玩儿了一圈。因为没什么钱，所以我只买了位于轮渡船底的二等舱的票，和很多人挤在一起休息。到了北海道之后，我先顺道去了阿伊努民族博物馆，然后住在登别温泉的旅店。半夜泡温泉的时候，一个女招待突然造访，我吓了一跳，赶忙说："不好意思，我走错了。"正当我准备出去的时候，她笑着对我说："这里是男女混浴哦。"她竟然如此镇定！而我羞愧得不知如何是好。那通红的脸颊，不仅仅是温泉惹的祸。

　　上大学时，我的学习成绩并不出色，学分刚刚达到毕业的要求。毕业论文的题目是"关于江户时代的妓院和明治时代以后的公娼制度"。我一边思考着那些薄命的人，一边穿梭于各处的图书馆，搜集文献，撰写论文。我的母校关西学院大学，自 1995 年开始把有特色的毕业论文刊登在网站主页上。你猜我的毕业论文入选了吗？

　　1961 年 3 月，我从关西学院大学法学部毕业，学生时代从此画上句号。当时我获得了 3 个工作机会，一个是本田汽车制造厂，一个是钢铁贸易方面的中小型商社①大源，另外一个记不清名字了。因为将来想自己开公司，所以我想先学习一下公司经营的整个流程。我认为在大公司无法看到全部流程，因此，最后选择了3家公司中规模最小的大源。

在业余棒球队"达摩俱乐部"

---

① 商社是日本独有的企业形态，主要从事贸易和产业投资等业务。

第二章 跳出舒适圈

尽可能吸收一切知识

1961年4月，我进入钢铁贸易方面的中小型商社大源。这家公司坐落于大阪的闹市北新地的正中央。按照现在的地图，即位于"大阪全日空皇冠假日酒店"的东北方向。创始人下坂直美社长现在虽已离开人世，但那时的他温文尔雅，对我关怀备至。在我入职后的第一个新年，他就邀请我去他家里做客。他家位于大阪府茨木市，看到他那象征着成功的豪宅，我再一次发誓："将来一定要成为一名出色的企业家，好好孝敬父母。"

下坂先生生于高知县，曾在贸易公司工作，1932年在大阪成立了大源公司的前身——大源商会。就在前一年的1931年12月，犬养毅内阁决定再次禁止黄金出口，导致日元急剧贬值。看到这一形势，下坂先生决定开展钉子出口业务。他前往泰国曼谷谈妥生意后，就开始与尼崎制钉所（现在的 Amatei）进行交易。为了能让曼谷建筑工地上的工人随时用上需要的钉子，他让日本工厂将大大小小的钉子组合起来，成包出口，由此大获成功。后来，出口地还扩展到新加坡、印度等。面向不同地域，他会因地制宜地改变包装方式，实践证明这是非常正确的做法。

在统制经济背景下，钢铁生意越来越难做。于是，他和朋友一起买了一艘船，去九州采购了一些干海参、羊栖菜、水泥等货物。他把卖剩下的干海参送给一家制铁公司，并附言："希望能为您填补一些所需的食物。"作为回礼，制铁公司送给他 20 吨线材。他收到后就将其加工成钉子，在他的家乡高知县出售。就这样，他将"稻草富翁"的童话故事变为现实。

1948 年，他将两合公司改组为股份有限公司，成立大源。随后，他着眼于电炉需要的人造石墨电极，将昭和电工生产的电极大量出售给各家电炉公司，由此发家致富。生意都是相辅相成的。后来，他不仅销售电极，还采购并卖起了电炉制成的铁制品。销售这种铁制品就是我当时负责的工作。

然而，那时我刚从大学毕业，对工作一窍不通，常常拿着各式各样的单据，一张一张地仔细询问一名女性前辈，"这是什么？""这表示什么意思？"然后把她的解答全部记在笔记本上。我想要吸收一切知识，为将来创业做准备，于是把前辈的推销话术全都背了下来。

3个月后，我便开始自己拓展新客户。我采用的方式是上门推销。有一次，我在一家公司刚向对方毕恭毕敬地说"拜托您了"，对方负责人就问我："川崎制铁（现在的 JFE 钢铁）的 H 型钢做得怎么样了？"我对此毫无了解，后背直冒冷汗，最后强撑着说了一句："对不起，我下次再来。"回到公司后，我询问了前辈川崎制铁的具体情况，第二天又去拜访了那家公司。这次的经历使我深切地领会到提前做准备的重要性。

令我为难的是接待客户。我不能喝酒，在酒席上发挥不了作用，而且也不会打麻将。一遇到酒局或麻将局，我就会对同年入职的同事小山将一说："小将，拜托你啦。"然后将此重任交给他。患难见真情，现在我和他还会时不时地聚一聚。

虽然开拓新客户的工作陷入困境，但好在老客户的生意不减，因此业绩还是很好的。钢铁的需求很稳定，主推的人造石墨电极销量也不错。公司的氛围一片祥和，同年入职的同事们无论是在工资上，还是在奖金上，都没有任何差距。我们每天早晨九点开始工作，但我八点半到时，公司还没开门。我是抱着来这里学习如何经营公司的想法入职的，而公司的气氛却如田园牧歌一般，我越来越感到格格不入，心想：这样下去真的好吗？

大源公司已故的下坂直美社长

请原谅我的任意妄为

在我入职两年零一个月时，也就是 1963 年 5 月，我向大源的专务提出了辞职。那时专务对我说："这么重要的事情，你还是和社长说一下为好。"于是，过了几天，我去了下坂直美社长那里。听完我的话，下坂社长花了一个半小时来挽留我，他说："别辞职。如果不着急的话，就先待在这儿吧。"我想他之所以如此挽留我，可能是看到我即使没有上级指示，也会积极开拓新客户的举动了吧。

"您能对我说这些话，我感到非常荣幸。可是，将来我想成为一名企业家，这是我的梦想。不是常说不经历风雨怎能见彩虹吗？我还是想离开大源，请原谅我的任意妄为。"年少轻狂的我就这样滔滔不绝地说了一通。最后，下坂先生妥协了，对我说："好的。记得偶尔回来看看大家哦。"同年8月我从大源辞职，以后每年都回大源几次。

下坂先生洞察了未来的先机。二战后，他立刻买下了从大阪府吹田市到茨木市16.5万平方米的山区土地。虽然那里到处都是竹林，但他考虑到从中国和朝鲜半岛回来的人，这片土地会有价值，于是就把它买了下来。实际上，1966年，他出售了将近一半的土地，用于大阪·千里丘陵举办的日本世界博览会。我想这肯定是一笔很大的生意。

我急于出人头地，早日成为企业家，因此认为在大源的日子像是温水煮青蛙。不过，那段日子给了我充足的时间和女朋友约会，因此也还不错。我和女朋友去宝冢家庭乐园玩，然后攀登六甲山；在大阪的梅田购物，然后去看电影。在轻松悠闲的时光里，我们的心意渐渐相通，终于在1963年3月1日结为夫妇。那时我24岁，而我的妻子征子25岁，只比我大四个月。

我和征子是在大二的时候认识的。那年，我去露营时，突然中耳炎发作，于是去了我家附近的毛利耳鼻咽喉科诊所。看到在那里工作的她之后，我瞬间坠入爱河，在我的猛烈追求下，她最终同意与我交往。

嫁给我之前，妻子原姓近藤，在高知县高冈郡四万十町出生、长大。家里兄弟姐妹 8 人，她是长女。长大后，她来大阪打拼。我去妻子的家乡拜访时，亲戚们会聚一堂，为我准备了高知县有名的大盘什锦菜。酒宴一直持续到第二天早上。酒豪众多的高知县宴会，远远超出了我的想象。因为不能喝酒，所以我躲在了妻子的叔叔家，等待着"暴风雨"的结束。在四万十川，我们用香鱼钓香鱼，玩得很开心。然后，在河滩上将其用盐烤着吃，味道特别香。野生鳗鱼肥嫩又美味。此外，我还品尝了高知县地道的拍松鲣鱼。

父母由衷地为我的婚事感到高兴，于是为我预订了结婚典礼的场地。不过，我想父母已经为我上大学花了很多钱，接下来的事应该自己花钱来办，于是取消了父母为我预订的场地。喝完 9 次交杯酒，仪式即简单结束。我对妻子说："带一个包袱和一个你来就行。"那时的做法挺对不住妻子的。不过我至少还是要带妻子去度蜜月的，于是拿出奖金，最后花得一干二净。蜜月旅行的地点是和歌山县的胜浦。在那里，我们玩得很开心，拍了好多照片。

因为没有租新房的押金，所以我去找父亲借钱，结果被父亲一顿臭骂，他说："当时把我们给你预订的婚礼场地取消，现在又来干什么！"最终，父亲总算借给我一笔钱，让我得以租到房子。后来，我去还钱时，父亲又生气地对我说："别总干这些见外的事！"

摄于蜜月旅行的景点纪伊胜浦

大和房屋招聘提成制销售员

　　在大源钢铁商社的这份工作，工作时长较短，工资奖金丰厚，业绩也很稳定，因此，当我辞掉这份工作时，身边的亲朋好友一致反对。母亲和弟弟都说："真是荒唐至极！"妻子已经怀了孩子，就更别提了。可是，要想坚持成为企业家的初心，最好还是换一份工作，这也是事实。那段时间，我整日闷闷不乐，彻夜难眠。

　　问题的关键在于妻子。因为妻子怀着孩子，所以我已经做好了心理准备，无论妻子对我说出多么难听的话都要接受。结果，妻子对我说："无论你去哪里，我都会跟着你。不过，将来遇到困难的时候，我可不想听你抱怨哭诉。"都说为母则刚，妻子刚怀上孩子的那一刻，就已经变得非常坚强。听到妻子的话，我再次坚定了内心的想法：无论发生什么，一定要给这个女人幸福。

父亲对我说："在漫长的人生中，不可能总是顺心如意，肯定会遇到艰难险阻。在这种时候，如果不是自己坚定选择的工作，将来一定会憎恨那个劝自己从事这份工作的人。武男，这是你的人生，你自己决定就好。"父亲虽然一辈子只在每日新闻社做过印刷工作，并没有跳槽的经历，却在关键时刻推了我一把。在杭濑小学三年级时就和我成为好友的中村恒男虽然一开始非常反对我的做法，但最后还是支持了我的选择，对我说："要选择无悔的人生。"

跳槽的契机是1963年4月在书店不经意拿起的一本周刊杂志。"作风硬朗的企业：大和房屋"这个标题颇具吸引力。我了解到这家公司1959年开始销售预制装配式住宅的起点"小型房屋"，1962年发售嵌板式预制装配式住宅，而建有这种住宅的大规模住宅区是由关联公司大和团地在大阪府羽曳野市建造的。据说，正在高速成长的这家公司的办公楼整晚都灯火通明。我找到了可以把自己锻炼成企业家的修行之地。

然而，我没有任何门路。正当我思考如何才能进入这家公司时，突然看到报纸上刊登的一则高3厘米、宽7厘米的小型招聘广告，上面写着"大和房屋，招聘提成制销售员"。于是，我立刻给人事打电话，预约面谈。

见到人事科长后，我开门见山："我的妻子怀孕了，如果是提成制，她将无法安心生子，可以雇我为正式员工吗？"科长拒绝道："你在说什么呢？我们要招的就是提成制的销售员啊。"可是我还肩负着照顾怀孕妻子的重任，于是坚持不懈地请求对方。最终，对方松口了，他们看了我带去的简历后，对我说："看你之前卖过钢材。应该能做采购钢材的工作。"接着，又说了一句："东京分管建材的专务会过来，到时我们会安排你参加面试。"

在面试的过程中，从钢材产品的种类到用途、价格，等等，对方从各个角度提出了很多问题，因为我几天前还在卖钢材，所以回答得很流利。在大源工作时笔记本上记的密密麻麻的知识点发挥了作用。

老板的亲弟弟石桥茂夫专务对我说："明天能来吗？"我回答："我的工资还没定。"他说："好，我叫人事科长来给你定工资。"然而，人事科长根据我的资历、年龄、工种提出的工资比上一家公司要低。"靠目前的工资，我无法生存。"我进一步交涉，要求把薪酬提高一些。坚持就是胜利，对方又同意了。1963 年 8 月 16 日，我成为大和房屋工业的一员。

第三章　斯巴达式的凡事彻底

睡四个小时都很奢侈

我初入大和房屋工业工作时，被安排在总公司的资材科。最初的工作是在堺工厂管理钢管的库存。工厂八点开工，七点半开始做广播体操。当时我住在大阪府北部的池田市，工厂位于南边的堺市，相距 30 多公里，我每天出勤要换乘几趟电车，单程就要花费两个小时。如果每天早晨五点半不出家门，就会来不及。虽然下班时间是下午五点，但是为了尽快熟悉工作，我会主动在工厂多待一会儿。无论是本职工作的业务技能，还是其他工作的相关知识，我都会学习，因此，回到家时一般都半夜 12 点多了。洗澡，睡觉，上班，基本上每天都保持着这样的节奏，所以每天能睡四个小时都很奢侈。这样的生活大约持续了两年。

在大源工作时，上班时间非常固定，工作日是朝九晚五，周六会用半天时间和前辈一起去拜访客户。如果客户不在，我们就去喝茶，然后一天就结束了。虽说"十里不同风，百里不同俗"，但我没想到大源和大和的工作节奏竟如此不同。

入职两年后的1965年，我被调到总公司的采购部，不仅负责钢材，还负责木材、建材、螺丝、钉子等所有资材的采购。我把资材的厂家、单价、交货期、库存等信息都记在脑子里，在此基础上，总结出降低资材采购成本的方案，后来被实际采用。1967年被石桥信夫老板授予社长奖，奖品是"精工"牌39钻自动机械腕表，手表后面的盖子上刻有"社长奖　昭和四十二年"的字样。现在这块表也在正常转动。为向世人展现老板一生的创业历程，2007年4月，石桥信夫纪念馆开馆，虽然我将那块手表视为至爱之物，但还是将其赠予纪念馆。

我第一次走上管理岗位，就任资材部科长是在1970年。这一年公司的营业收入达到966亿日元，员工将近4000人，营业收入大约是我刚入职时的五倍，员工数量大约是我刚入职时的两倍。在高速发展的过程中，采购量也急剧增加，需要审批的文件多如牛毛，我只好用手帕把印章绑在手上，以便随时随地不停盖章。

1971年，我升任住宅事业部营业部次长。作为员工营销实践的指导者，如果自己没有实操经验，是不可能教好大家的。于是，我开始和下属一起上门推销。从住宅区的一头开始挨家挨户地按响门铃。很多居民打开门上的小窗，一看到我们立刻就"啪"地关上。15户中大概会有1户肯为我们打开门，但也不会把防盗链打开。实际上能说上话的大概只有几十分之一。有一次我发现旁边有空地，就问："夫人，那片土地是您家的吗？"对方回答："不是。"然后，我再三询问："土地的主人在哪里呢？"

不断地被拒绝，不断地被无视，内心快要崩溃时，我会告诉自己："我不是来坑蒙拐骗的，我只是想告诉他一些好消息，但他不听，所以吃亏的还是他啊。"克服了屈辱和抵触的情绪后，就会生出前往下一户的勇气。曾有一天我跑了100户。

在此过程中，我逐渐积累起一些诀窍。那就是，住宅的事儿放在后面，先从与客户自身有关的话题开始，这样门槛儿就会降低。

回到公司后，我会抓住一个个前辈和同事，请他们告诉我各种文件的用途和提交地点。我甚至连住宅金融公库（现在的住宅金融支援机构）的申请方法都不知道，因此只能留下来给自己补课。

因获社长奖而得到的腕表

1974 年 10 月，36 岁的我被任命为山口分店的分店长。其实，早在一年前，分管人事的专务就试探着问我是否愿意去东京分公司，我当时拒绝道："我在东京有点水土不服，所以不想去。如果是西边，去哪儿都行。"专务说："西边去哪儿都行，可是你说的呀。"路，早已被铺好。

最重要的是决断

"我是樋口武男，前来就任山口分店株式会社的社长。"这是 1974 年 10 月 1 日我在大和房屋工业山口分店讲的第一句话。面对着 70 多名员工，我宣布："我会对每个项目负责，迅速做出决策。我会前往所有工作现场，带头做好营销工作。"

早会从上午八点半开始，迟到的人我会把他赶出去，有时会让他一直站到早会结束。如果屡教不改，我还会扇他耳光。我不允许管理层出现大幅打乱营业目标、对检查和指示敷衍了事的情况。如果出现这种情况，我会揪住当事人的衣襟进行严厉的谴责。我急于尽快提高业绩，整个人充满压迫感，于是被大家称为"魔鬼"。

前往山口之前，我和后来成为大和房屋工业和大和团地会长的石桥赳一专务在大阪的中之岛皇家酒店（现在的丽嘉皇家酒店）一起喝了咖啡。毅一先生是老板堂兄的儿子，从旧制高知高中（现在的高知大学）毕业后，担任教职，后应老板的邀请，1958年进入大和房屋工业。就任社长期间，他曾将公司的营业收入由2015亿日元提至9261亿日元。与"刚"的石桥老板相比，他被大家称为"柔"的著名企业家。我说："我想先看看情况，然后再'开刀'整治。"听到我的话，专务说："先看看情况是不行的，一开始就要果断出击。"那时的我才36岁，还很年轻，一心想按专务的话去做，下手不知轻重，导致下属们都不和我一条心，使我陷入孤立无援的境地。

赴任后过了半年，也就是1975年4月，在我四面楚歌、痛苦不堪之时，当时的社长石桥信夫老板前来视察。他突然说："去挨个打个招呼吧。"于是，我带着老板挨个拜访了当地的知事、市长、百货商店、宇部兴产，最后访问了分店对面的日本电信电话公社（现在的NTT）山口分部。从分部长到总务科长、系长，无论对谁，老板都会用双手恭敬地收下对方的名片，同时，一边以额头碰到膝盖的程度向对方深鞠躬，一边说："承蒙您一直以来对大和房屋的照顾。"

因为我和这些人已经很熟悉了，所以没必要再当场递出我的名片。不过，要是我真那么做了的话，老板一定会大发雷霆吧。老板平时就反复对我说："要和当地有影响力、有地位的人搞好关系。"这个举动想必是在考验我平时的工作是否做到位了。

在拜访之旅的途中，我们顺道去了琉璃光寺。这所寺庙因1442年建成的有着桧树皮屋顶的五重塔而闻名。那个季节樱花开得很美。老板和我以五重塔为背景互相给对方拍了照片。之后，老板突然消失不见，过了一会儿，他两手拿着有名的土特产"烧山团子"和冰激凌回来了，然后指着椅子说："在那儿吃吧。"老板就这样不露声色地给我烦躁的内心注入了温柔的力量。

我们住在汤田温泉的旅馆"山水园"。到了之后，老板说："樋口君，走，去吃晚饭吧。"吃完饭，老板又说："一起去泡温泉吧。"所有的事情都按照老板的节奏有条不紊地进行着。后来，我向老板诉说了内心的苦闷，"没想到我那么拼命，却落得这样的下场。""自己全力奔跑，往后一看，竟然一个人也没有。"

泡在浴池里的老板回过头来对我说："对于管理者来说，最重要的是决断。"这是老板给予我的第一条教诲。虽然老板并没有直接回应我的诉苦，但是这句话却一下抓住了我的心。我为自己说过的话感到惭愧。因为我意识到自己总是纠结于一些小事，并没有做好最重要

站在琉璃光寺五重塔前的石桥信夫老板（由我摄影）

的决断。从那天起，我改变了自己的工作态度。无论是晚上 10 点，还是 11 点，我都会在分店等着下属回来，和他们进行彻底的交谈，然后做出决断。

分店的工作氛围终于发生了变化。不过，因为每天晚上都要待到很晚，所以还是得自己有辆车才行。然而，参加驾照考试时，我却因为超速，路考有两次都没通过。看来，虽然受到了老板的熏陶，但我这急性子还是没改。

觉悟和人脉

下属从外面回到分店后，我们会去处于汤田温泉区中心的一家名叫"山海"的居酒屋开会。到店里时一般是晚上 10 点多。我们把两张四人座的桌子拼起来，我坐在中间，六七个下属坐在剩下的座位上。点完食物和饮品后，我开始听下属逐一汇报工作，然后花二三十分钟构思作战策略，研究明天如何进行下一步的商谈。所有人都讲完后，我会说："好，开动吧。"

不过，讲到激情之处，我会不自觉地提高音量，有时还会一边说着"懂了吗"，一边用拳头把桌子砸得咚咚作响。每当这时，小奥和枝老板娘就会立刻端来食物，缓和气氛。几年前，我和小奥女士久别重逢时，她还笑着对我说："那时大家都战战兢兢的，太可怜了。"

山海居酒屋也是大和房屋工业的客户。2007 年拆除之前，山海一直将大和房屋工业开发的小型房屋用作仓库。大和房屋工业有一个会员制的度假俱乐部"大和皇家会员俱乐部"，小奥女士还是该俱乐部山口县资历最老的会员。每年新年等时候她都会来大和皇家酒店度假。

在我上任后的第二年，也就是1975年，山口分店平均每个员工的营业收入和利润都位居首位，成为日本第一分店，同时在分店评价中获得最高级"S"级。能取得这样的成绩，当然离不开下属的努力，不过山海居酒屋也发挥了很大的作用，我在此表示衷心的感谢。

我每天开着我的红豆色二手日产蓝鸟小轿车，在位于现在新干线新山口站（原为小郡站）附近山口市小郡三轩屋町的公司宿舍、山口分店和山海居酒屋之间来回穿梭。只去这三个地方还好，要是去其他地方，我就不行了。其实，我从小就是一个非常严重的路痴，经常迷路，现在也没有改变。

前几天，我开车出门兜风，回家路上想去趟卫生间，于是开到了附近的家居建材用品超市。上完厕所，从一个平时没走过的出口开出来后，我就分不清东西南北了。就算在家附近，我也得开导航。汽车导航真是一项伟大的发明。希望我们研究所也能创造出这么好的技术。

在山口分店工作时，我租了一个木结构独栋住宅。这里的环境好得没话说，久居则安，我住得非常舒心。鱼肉尤其美味。在各种食物当中，我最喜欢吃肉。在家吃晚饭时，如果没有肉，我的心情就会非常差。虽然母亲曾说："武男小时候被鲷鱼的刺卡过喉咙，还被送到了医院，从那以后，就不喜欢吃鱼了。"但是，住在这里时我竟不可思议地吃了很多新鲜鱼肉。

石桥信夫老板给予我第一条教诲时所住的温泉旅馆"山水园"的创始人是中野仁义先生。他是一个非常幽默的人。在地质学者说肯定没有温泉的地方，他却挖出了温泉。

听说，他不是一个热情好客的人，即便是客人来访，如果不投缘的话他也不见，于是，我抱着试一试的心态前去拜访了他。我在茶室接受了面试，不知怎的我好像通过了面试，从此，他允许我在这里出入。后来，他为我介绍了当地很多有影响力、有名的人。在1976

年山水园 40 周年庆祝大会上，已经在福冈分店担任分店长的我也受到邀请，在那里我有幸见到了前首相岸信介。作为企业家的决心、丰富的人脉……这两年间，我学到了很多，又向成为企业家的目标迈出了一步。

在山口分店担任分店长时的我

凡事彻底

山口分店步入正轨后，我被任命为福冈分店的分店长。1976年10月，我38岁，同时也升到了成为董事前的最高职务。福冈分店的业绩不好，分店长都干不长。公司的意图很明显，就是要让我"重振陷入赤字的福冈分店"。我感到背后投来许多冰冷的目光，他们都在等着看年轻的分店长的笑话。

上任一个月后，在九州地区的会议上，我说："分店的状况好转还是恶化，全在管理者的一念之间。"在场的社长石桥信夫老板突然"啪"地敲了一下桌子，说道："说得对！今后谁要是再做那些让分店长干不下去的事情，我绝不原谅！"老板的声音响彻整个会议室。我知道老板这是在保护和支持我。

我去死气沉沉的事务所看了一圈，发现员工接电话的方式让人很不爽，铃声响了好几次才终于拿起听筒，而且一直踢皮球。见此状况，我选了三名活泼开朗的女员工，集中受理公司外部的来电。

铃声响一次就拿起听筒，精神饱满地回答："您好，这里是大和房屋工业福冈分店。"然后马上接通相关负责人。如果负责人不在，代理人必须询问对方因何事致电，并说："如果方便的话，请您跟我说一下您的需求。"仅仅采取了这些举措，公司外部的评价就立刻好了起来，大家都说"听着舒服""充满活力"。我称之为"凡事彻底"。像这样，通过平时一点一滴的积累，就能获得对方的信任。

赤字是因为没有做好成本管理。我把项目实施预算书仔细看了一遍，得益于在总公司采购资材的工作经历，直觉告诉我，问题在于单价太高了。我叫来资材科科长，怒斥道："这么高的预算也能通过？"气得我把1.5厘米厚的预算书拆开，扔在了他的身上。

我命令道："给我把基桩的价格降下来。"他却推脱道："已经是底线了。"我说："我不是在问你的意见，去跟对方公司的社长见个面。"我命令他和对方谈判。

谈判回来后，他说："对方降低了价格，但说只限这一次。"听到他的话，我又训斥道："什么只限这一次？别以自己的固有观念轻易下结论。"

看到那些一无是处的设计图，我把设计科科长等四人严厉叱责了一顿。看到他们辩解，我说："那就辞职别干了。"几位年长的科长气血上涌："我辞给你看。"后来，通过谈话，我们互相理解了对方，之前的事就过去了。

士气不振的原因是赤字导致奖金很少。这样的话，转为盈利就好了。我向在九州金融经济恳谈会上结识的洋马农机（现在的洋马）的楠濑让先生推销了大和房屋工业正在出售的"冈山 Neopolis"①。冈山 Neopolis 位于冈山县赤磐市，划分为 8700 个建房的地块，占地约500 万平方米，是一片巨大的住宅区。

楠濑先生问："你已经买了吗？"我回答："还没有。""你这不太厚道吧。"楠濑先生说得非常有道理，于是，第二天我自己买了一个地块并让大和房屋工业建

———————

① 冈山 Neopolis：大和房屋工业的大规模住宅开发项目品牌，包括一级土地开发及后续住宅开发，住宅基本为独栋别墅。客户从开发项目里选择住宅建设用地并委托大和房屋工业建设。

房，然后再次拜访了他。我说："我带您去现场看一看吧。"结果他说："你给我选一个就行。"于是我们顺利签约。后来，楠濑先生又置换了两个更大的地块并委托大和房屋工业建房，现在仍住在那里。

我立刻将福冈分店的管理层召集起来，命令道："每个人在福冈应该都有自己的人脉，从现在开始，用两个半月的时间，集中销售冈山 Neopolis。"最后一共卖出 70 块地并给客户建房，福冈分店仅用半年时间就扭亏为盈，大家的奖金也相应地增加了，分店里的气氛一下子明快起来，发展也有了势头。从那时起，直到我离开福冈分店的 5 年间，分店一直保持着盈利状态。

在福冈接到的订单——网球俱乐部的竣工仪式
（中间是我）

想请你帮忙打理财产

　　早会在分店的房顶举行。每天早晨，我会让大家跑步登上去。晚上，我会等下属回公司。看到分店长办公室的灯还亮着，很多下属会觉得不好意思，于是再次向博多的商业街中洲出击。我喝不了酒，因此和客户经常去的是已经混熟了的"池田"小餐馆。只要我向老板娘眨一下眼，她就会为我端上一杯乌龙茶，然后介绍道："这是味道偏浓的威士忌哦。"

　　中洲的牛排店里存放接待客人用的威士忌。有人发现此事后，便将里面的酒喝到只剩距瓶底 1 厘米高度的量，然后走人。这不过是个小小的恶作剧，所以不必为此大动干戈。随着从赤字转为盈利，大家的凝聚力越来越强。我还去大分钓过鱼，钓到了很多身长 30 厘米左右的鲷鱼。钓完之后，手上仍然留有很强的鱼拉钩时的余韵。因为量太多，实在吃不完，于是就分给邻居一些。此外，我还带着父母一起去了别府温泉。

福冈有一位名叫小田弥之亮的资本家，他在土木工程学方面颇具权威，因此被大家尊称为小田老师。他有很多大楼、停车场和尚未开发的山林土地等资产，因此每天都有很多公司前来拜访，希望与他做生意。同样，我也敲响了他的家门，并说："请让我为你把土地盘活。"去了好几次之后，他对我说："请进。"除了我，没有任何一家公司的人进过他的家门。我坚决地推辞道："我站在玄关处就行。"但他还是邀请我进入客厅，并对我说："请不要客气。"

小田先生一边说"我去给你沏茶"，一边轻轻地把被子叠起来，离开了客厅。被子下面铺满了 1 万日元的纸币。先生回来后，随意地抓起几张纸币，递给我说："给你当零花钱。"我把这个经历告诉身边的人，大家说什么也不信，认为"这是假的"，但这件事真真切切，不信也得信。小田先生拜托我说："我的孩子们都是学术型的，不会做生意，我想请你帮忙打理我的财产。"这样，我就从先生那里拿到了不少业务。

1977 年，在我 39 岁时，先生劝我道："我把全部资产都托付给你，你独立出来，自己创办一家公司如何？"先生的意思是让我用 30 亿日元的启动资金，开创一番事业。自己创立公司，成为企业家，是我一生的梦想。这笔钱也是我非常渴望的创业资金。

然而，我年纪轻轻就被提拔为分店长，而且有望升任董事。我也隐隐约约地感到公司对我寄予着厚望。我遇到了石桥信夫老板这样值得尊敬的大人物，他又教给我很多东西，所以我舍不得离开公司，这也是不容置疑的事实。于是我婉拒了小田先生的提议，对他说："您能对我说出这样的话，我感到非常荣幸。但是，如果对大力栽培我的公司做出过河拆桥的事，我感觉一直以来的好运就会偷偷溜走。"

先生病倒以后，他的病房除了家人，谢绝其他会面，却让我进去了。我还没来得及问他为什么对我如此青睐，老师便于 79 岁时溘然长逝。

婉拒独立创业的做法是正确的。因为第二年我就患上了恶性胆囊炎，住院一个月。过了一年，又不明原因的腰痛，又住院一个月。因为一直治不好，所以转院两次。一生气，还会对医生破口大骂，骂他们是"庸医"。因此前后一共换了七名主治医师。就算当时创立了新公司，在自己反复的休养治疗中，应该转眼就会倒闭吧。幸亏当时没有做出违背道义的事情。创立公司、成为企业家的梦想在自己两次住院的过程中逐渐破灭了。

在福冈分店工作时，带父母到别府温泉一游

能看到墙壁对面的人

　　石桥信夫老板以"现场主义"为信条，日本各地的分店、工厂等地方都视察遍了。有一次，我们开车从下关出发，前往门司，跨过关门海峡时，老板问："桥有多长，距离海面有多高？"我回答后，老板一直闭着眼睛一动不动。我问老板："您睡着了吗？"老板回答："我听到了。"老板真是会利用一切零碎时间获取信息。到达福冈分店后，老板又问我："樋口君，现在熊本的情况怎么样？"旁边就是统管九州所有地区的区域负责人，所以我只回答道："我是福冈的分店长，所以……"企图搪塞过去。

　　然而，老板却不打算放过我，又接着问我长崎怎么样，鹿儿岛怎么样。最后说："福冈分店是九州的玄关、九州的总店。九州一共有多少员工？"我回答道："算上工厂的话，应该有四百六七十人。""就这么点人啊！我23岁被苏联俘虏时，曾带领1000名士兵去了西伯利亚。这1000人，我每一个都必须关照到。四五百张脸，你都记不住吗？"老板一针见血地说道。

预测接下来会发生的事情，洞察未来，然后采取行动，这就是石桥信夫式的"周到"。石桥老板对未来之事预判之准确，无数次令我惊叹不已。老板是"能看到墙壁对面的人"。

老板询问在福冈当分店长的我九州各地的情况，是想告诉我"要有意识地站在更高的角度开展工作"。如果分店长不了解所在区域整体的工作，董事不了解常务的工作，一旦获得晋升，很难立刻具备相应的能力。

石桥信夫老板在家里的木材店帮忙，看到水稻和竹子因为中空结构而没有被1950年的Jane号台风摧毁，由此获得灵感，开发出创业产品——钢管结构房屋。1955年创业之初，产品卖得很成功，当时的日本国有铁道（现在的JR各公司）的仓库使用这款产品，后来销路还拓展到日本电信电话公社（现在的NTT各公司）和各家电力公司。因电影《黑部太阳》而驰名的关西电力黑部川第四发电厂（黑四）的建设工地位于秘境黑部大峡谷。工地施工人员宿舍用的我们的钢管结构房屋，是施工人员从峡谷底部一点点将建材搬上来建起来的。大和房屋工业的员工也常驻工地，负责维修。我甚至感觉地图上就没有老板没涉足的地方。

老板和国铁谈判成功的逸闻，现在仍给予我们很大勇气。创立不久的大和房屋工业企业规模较小，国铁总公司的系长、科长、部长竟然一点都没把大和房屋放在眼里，于是老板直截了当地对担任国铁常务理事的局长说："国铁不也是白手起家的吗？我的公司可是具有300万日元资本金的扎扎实实的企业。"然后说："请看我的衬衫，我只坐了一天的车，衬衫就变得这么黑。由此可见，国铁必须尽快实现电气化。为此，我认为钢管结构房屋对贵公司是有用的。我正是怀着这样的心情前来登门拜访的。""说到底，国铁要是没有日立制作所的零部件也是无法运转的。而日立创立之初也只有40人而已。一开始大家不都是这样的吗？"老板就这样坦率直言，然后愤然离席。

这样一来，乘坐夜行列车来东京国铁总公司的目的就无法达成了。然而，老板厉害的地方就在于，第二天早晨他又去拜访了国铁，好似前一天什么都没发生。前一天有过来往的局长说："你昨天说的很对，我正想给你打电话呢。"对方的态度突然出现 180 度大转弯。后续的谈判很顺利，全国各地的车站、事业所都抛来了订购钢管结构房屋的订单。这件事告诉我"被拒绝之时，正是营销开始之时"。

我接受的种种教诲绝不是简单易懂、直接明了的内容。常常经过时间的磨砺，某一天才会突然明白："啊，原来是这么一回事儿。"犹如禅僧开悟。老板在石川县能登的石桥山庄开启疗养生活后，有一次我和老板一起泡澡时，一边给他搓澡，一边回忆往事，我多次问："那是您想教会我的东西吧？"老板却轻描淡写："有的人能意识到，有的人意识不到。"我最终还是无法成为像老板那样的人，所以才总是忍不住拍桌子，着急上火吧。

将"钢管结构房屋"用作黑四发电站施工现场宿舍

充满考验的东京赴任

1981 年 8 月，我第一次开始单身赴任的生活。在福冈当了 5 年分店长后，我就任东京分公司建筑事业部部长。在东京生活对我来说不是一件容易的事。用大阪方言很难和人沟通。有一次，我说了几句大阪方言，如"不是""该回去了吧"等，说完后，对方露出了一头雾水的表情。因为去山口任分店长之前曾婉拒过东京赴任，所以这一次只好勉为其难地接受了公司的安排。

在大女儿高中毕业前，我把家人留在福冈，自己一个人前往东京赴任。宿舍位于东京都北区的泷野川，离女演员倍赏千惠子的娘家很近。一天，我在烟酒店的房檐下避雨时，店员看我可怜，竟将一把雨伞借给了素不相识的我。原来东京也有热心人啊，意识到这一点，我的心情轻松了许多。在关西出生和长大的我，曾自以为是地坚持认为东京人普遍都很冷漠。

虽然我备齐了厨房用品，但到现在我都没握过几次菜刀。仅仅炒一个菜，我都得给妻子打电话，请她指导。光是电话费每个月都要花 4 万日元，因此我放弃了自己做饭的念头。过了一段时间，家人们也来到东京。我们搬到东京都世田谷区，吃饭问题自然得到解决。不过，在东京工作的 3 年间，我的精神压力很大。其实，我和东京分公司的两名董事不合。

东京分公司建筑事业部主攻东日本的普通建筑承包，承建工厂、仓库、办公楼等设施。我一开会，其中一名董事就会用内线打来电话，叫走一名或两名参会人员。然后，会议就开不成了。这种事发生过很多次。除此之外，他们还耍了很多其他的阴谋诡计。然而，下属是无法选择领导的。于是，我只能回到家，盖上被子，流下懊恼的泪水。

在此之前，我的人生走得太顺了。我在心里暗自发誓："我遇到了难得的反面教材，将来我决不会做同样的事情。"我不断地努力告诉自己：对于暴脾气的我来说，这是学会忍耐的好时机。

1984 年 1 月，在新年联欢会上，石桥信夫老板对我说："精神状态恢复得不错啊。"我在福冈担任分店长时曾两次住院治疗，每次身体恢复后，老板就会询问我的身体状况，新年联欢会上的语气和那时的语气如出一辙。这一年的 4 月，我转任东京分公司特建事业部部长，秉持着大和房屋工业的企业理念——建筑的工业化，在工厂、仓库、办公楼的基础上，又承建了政府机关的临时办公楼等建筑。通过完全的标准化施工作业，采用标准化产品，不断提高质量，降低成本，缩短工期。这真是一个有趣的过程。只要改变做法，总能开拓出新的市场。这令我斗志昂扬。

同年 6 月，老板对我说："该过来了。"于是推选我为董事。然而，东京分公司的另一个董事说："你才 46 岁，太年轻了。还得兼顾同年龄段的其他员工。这次就主动辞职吧！"我没有听他的话，在股东大会，顺利地成为一名董事。而那个曾在开会时打电话把下属叫走的董事，在我上任后召开的第一次董事会结束时对我说："你真厉害啊！"

成为董事之后，一天，我有事去了会长办公室，不小心听到石桥老板在电话里把对方骂得体无完肤，电话那头就是曾说"这次主动辞职"的那位董事。正当我打算离开房间时，老板向我招招手，并对我说："在这儿听着。"我想，老板应该知道我在东京分公司的种种遭遇吧。幸亏我没有像在山口担任分店长时那样跟他抱怨那些无聊的事情。

特建事业部的产品"Daiwa Delf"①

---

　　①　Daiwa Delf：外墙全部采用工厂制作的外墙板的工业化建筑。

出人头地，反哺尽孝

父亲的身体一直很硬朗，轮转印刷机上一块很重的器械砸在他的脚上，最后也只是骨折而已，然而，他晚年却患上胆管癌。有一年，父亲暂时离开医院回家过年，突然静静地说了一句"这次恐怕是不行了"，然后就在1984年1月驾鹤西去，享年71岁。

父亲离世半年后的6月，我升任大和房屋工业的董事。最终还是没能让当年支持我跳槽的父亲看到自己成功的模样。大女儿的成人礼结束后，我们回去看望了父亲，能让他看到已经成年的大孙女身着盛装、亭亭玉立的样子，我多少得到一丝救赎。

父亲去世后，我把独自生活的母亲接到家里。最后的6年，母亲在我妹妹家生活。母亲比父亲长寿，2001年8月离世，享年83岁。那一年的4月，我成为大和房屋工业的社长。母亲为我的成功由衷地感到高兴。

母亲最后留下的一句话是，"我的一生真幸福啊"。对于不惜典当和服来供我上大学的母亲来说，我想我可能还是多少尽了一些孝心。可是，要是能尽更多的孝心就更好了。现在，我每天都会对着父母的遗照，心怀感恩地跟他们打招呼，说："早上好，我走了。""我回来了。"

我还想说说进的事情。进是我的弟弟，比我小三岁。他个头比我高，肩比我宽，高中时在橄榄球部，是一个典型的淘气包。在上下学的路上，他曾和其他学校的一名学生在阪神电车的车厢连接处打了起来，然后两人在途中的某一站下了车。对方是拳击部的队员，弟弟感觉站着打架没有胜算，于是把对方擒抱住，扛了起来，然后将其塞进车站前面广场上的防火水槽，大闹了一场。因为对方受了伤，所以我的母亲被叫到学校。

类似的事情发生了好几次，气得父亲与他断绝了父子关系。后来，弟弟成为厨师，在大阪鹤桥开了饭店，父子二人终于言归于好。之后，弟弟搬到东京的蒲田，新开了一家饭店，虽然遇到了很多挫折，但是他都凭借自己的力量渡过了难关，还对我说："哥，如果遇到困难，尽管跟我说。"

我这个能量十足的弟弟，却不幸患上了 ALS（肌萎缩侧索硬化症）。这是一种不治之症，一旦患上，全身的肌肉都会萎缩，渐渐变得无法张口说话。1869 年法国报道了第一起病例。2012 年诺贝尔生理学或医学奖得主山中伸弥教授制作出世界首个 iPS 细胞（诱导性多能干细胞），虽然应用 iPS 细胞治疗此病的研究正在进行，但是现在还没有该病症的确切治疗方法。美国职业棒球大联盟中，和贝比·鲁斯一起创造了洋基队的黄金时期，并被称为铁人的卢伽雷患过此病，因此，美国也称此病为"卢伽雷病"。

我去弟弟家中看望他时，看到他用松紧带把自己的脖子和胳膊吊起来，正在吸烟。弟弟说："我还不想死，还想恢复健康。"住了院出院，出了院又住院，反反复复好几次。有一天，在蒲田的店里，我推着他的背，帮助他上台阶时，弟弟突然停止了呼吸。身旁的家人叫来救护车，急救人员为他做了心肺复苏后，弟弟捡回一条命。

此后的一年，弟弟生不如死，如坠地狱。虽然意识很清醒，但他的身体逐渐无法动弹，弥留之际，声带也麻痹了，只能用眼睛看着文字板，表达"想早点死"的心情。这种病真是太残酷了。

1991年4月，弟弟离开人世，年仅49岁。回想当年，给弟弟叫救护车真的是正确的决定吗？我至今都没找到答案。

长女年幼时，我（后排中间）和我的家人

全是固有观念，真是冥顽不灵

虽然在东京的 3 年，我每天度日如年，但在 1984 年 6 月成为董事，继而升任常务、专务的 9 年间，我每天都非常快乐。1986 年 4 月，就任特建事业部部长董事后，我终于可以挑战一些新的工作。那是一种涅槃重生的感觉。

通过"建筑的工业化"，减少现场施工，大量使用自动化工厂生产的建筑材料，客户就可以尽快获得物美价廉的高品质建筑物。为了落实这一构想，我提出了"4M 施工法"，即"无脚手架、无勾缝（填充剂）、无喷刷、无焊接"，M 就是"无"① 的意思。

———————

① 在日语中，"无"写作"無"，罗马音为"mu"，"4M 施工法"中的"M"就是日语"無"字罗马音的首字母，因此在中文语境里，"M"就是指"无"。——译者注

给盖起来的建筑物喷刷外墙时需要使用脚手架。那么，如果在工厂提前给墙板喷刷上漆，就不需要脚手架和现场喷刷了。墙板之间的缝隙要用填充剂来填埋是普遍的常识，不过如果换成硅胶，效率会更高。焊接钢筋需要成本，如果焊接技术差，还会出现误差。因此，可以使用高强度钢制造的高拉力螺栓来加固，这样的话，无论谁来做，成品质量都是统一的。

然而，技术人员却强烈反对，他们说："那种事是做不到的。"气得我大声训斥道："连试都没试，凭什么说做不到？你们的脑子里全是固有观念，真是冥顽不灵！试过之后再说吧！"高楼不需要喷刷用的脚手架，而两三层高的建筑物必须使用脚手架，没有这样的道理。我亲自找到一家生产具有耐火性能的硅胶的厂家。由此促进了无需脚手架和填充材料的商品开发。

我走遍全国47个都道府县，以总公司董事的身份，在分公司、分店的早会上发表讲话，然后进行特建事业部的员工教育。听了他们的接单计划后，我说："从难的地方开始吧。"于是和当地的负责人一起去拜访客户。在一个组织里，如果位于顶层的人不发挥模范带头作用，那么位于基层的人是不会行动的。

我在名古屋开完事业部的研修会后，第二天，所长就打来电话说："老大有一个就够了……"我这才察觉到掌管名古屋地区的常务做出了和我不同的指示。于是，我提出："特建的方针是和会长、社长仔细商讨后定下的，指示一定要都通过我传达。"并获得了他们的理解。

全国大约 50 名特建所长激动地表示"得到了保护"，于是更加精诚团结。然而公司内部的人却非常冷漠。我在工厂召开事业部的会议时，他们冷嘲热讽道："恭候樋口一家大驾光临啊。"我从没有结党营私的想法，他们却不停地说："真是自由奔放，所长以下无拘无束！"最后，我把这些话全部单纯地当作赞美之辞。

在我担任常务的 1989 年 10 月，我在特建事业部设立了一个"老龄研究所"。我预测超级老龄社会即将到来，所以针对医院、老龄设施，我们从规划到拿地、现场施工，全部承包下来。我们不能再像以前一样，只以硬件为武器，这次必须下大力气把软件部分设计好。人才培养也非常重要。我对石桥信夫老板说："费用我们承担。这 3 年，请不要过问数字。"老板回："好的。"
两年后，老板提醒道："还有一年啊。"当然，这个期限
我绝不会忘记。因为提前做好了精准的预判，所以事业
顺利步入正轨，到目前为止项目业绩足足超过了 3000
件，逐渐成长为公司的一大支柱。虽然在特建的 9 年间
非常繁忙，但那是我职业生涯中最快乐的一段时光。

使用"4M 施工法"，不设脚手架，从建筑物的内部安装外墙板

　　一想到新的事业，我就向老板汇报，每当听到老板
说"下次还会为我想到什么好点子呢"，我就非常开

心。有一次，我和老板讨论了把支撑房顶的屋架或房梁换成瓦楞纸材料的事。有一家公司有把鱼市盛放鲜鱼的箱子换成瓦楞纸材质的技术，经沟通我们得知强度、耐火性等问题基本上也能得到解决。老板一边听，一边应声点头，然后突然露出严肃的表情，对我说："这件事也很重要，不过我还有一件更重要的事，想要委托你。"

第四章 蛹经营和当机立断

把它看作你的宿命

"去团地，当社长吧。"一个出乎意料的请求突然降临。团地是指大和团地，是大和房屋集团旗下一家进行大规模住宅用地开发的公司。石桥信夫老板希望"像在土地上种下一棵棵树一样，让一个个预制装配式住宅拔地而起"。于是，1961 年，他和富士制铁（现在的新日铁住金）、野村证券、小野田水泥（现在的太平洋水泥）合资创立了大和团地，之后成功上市。由此形成了自己开发住宅用地，搭配预制装配式住宅成套销售的机制。

在大和团地创立之前，石桥老板和富士制铁的永野重雄社长（当时）商量，永野社长说："就像人坐下的时候需要坐垫一样，房子也需要坐垫。卖房子，也必须进行住宅用地开发，并给予了大力支持。"老板非常认可这个"坐垫理论",每次介绍这项事业时,都会引用永野社长的话。后来,永野社长又引荐了小野田水泥的安藤丰禄社长(当时的职务),至此,融资有了着落。野村证券的濑川美能留社长(当时的职务)和老板是老乡,也同意加入进来。

1962 年,大和团地和住友银行(现在的三井住友银行)联合推出一个独创的机制"住宅服务计划",即住房贷款的前身,主要面向购买我公司开发的住宅用地的客户。客户先要在银行存 100 万日元的定期存款,作为首付。然后从第 2 个月开始,每月存入 1.7 万日元,后再存 15 次存放 3 个月。像这样,从签订合同起,在一年半的时间内,存够 125.5 万日元,就能住进 70 坪(约 230 平方米)的宅基地上的 18 坪(约 60 平方米)的房子。剩下的钱以分期付款的方式,分 85 次付清即可。在此之前,银行原则上不面向个人融资。大家普遍都是先攒钱买地,然后继续攒钱盖房,因此,这一举措具有划时代的意义。

虽然大和团地曾因独特的创意,实现了业绩的提升,但是住宅用地开发的热潮过去后,随着泡沫经济的破灭，大和团地遭受重创。

面对老板突如其来的请求，我说："请原谅，现在担任专务，我已经非常满足了。"我将大和房屋工业特建事业部的营业收入从 300 亿日元增加到 1000 亿日元，在专务这个职位上干得风生水起。与此相对，大和团地的营业收入虽有 714 亿日元，有息负债却是营业收入的两倍，高达 1418 亿日元，眼看就要陷入资不抵债的境地。

转眼间，老板的脸上显现怒意，他不由分说地呵斥道："当年我没钱，没信誉，没靠山，从零开始，白手起家，一步一步让这家公司成功上市，所以决不能让它破产！咱们说好了要一起干，我才拜托你的，你怎么能不接受！"老板的语气和平时判若两人，吓得我汗毛直立。

沉默了一会儿，老板谈起过往的经历："樋口君，你在山口干得很不错，对吧？在福冈吃了不少苦头，对吧？"接着对我循循善诱，"你以为我是这两天突发奇想，才对你这么说的吗？不，我一直在关注着你的表现。"虽然我们只谈了 15 分钟左右，但我却感觉过了好几个小时。

我回想起老板曾给予我悉心指导的那些画面，心想要是拒绝了老板的请求，恐怕很难在公司待下去了吧。于是回答："我明白了。能得到您的这般认可，是我的福分。"在我将要离开房间时，老板又在背后给了我"致命一击"："把它看作你的宿命吧！"1993年4月15日，我前往大和团地赴任的事定了下来。从来没有一个董事去了子公司还能回来的。因此，这应该是一张单程票。

初创时期的大和团地在大阪府羽曳野市开发的住宅用地

清除障碍，扭亏为盈

老板严格命令我："在 6 月就任社长前，把大和团地持有的全部土地都看一遍！"于是，我用两个月跑遍了日本全国各地。九州和北海道都是当天来回。早中晚、晴雨天，我会根据不同的条件，对土地进行鉴定。在我就任社长时，老板的命令是："清除障碍，扭亏为盈，绝对不能产生新的借款。"没卖出去的土地多少都有一些缺陷，既有地面塌陷的土地，也有因街区调整而难出售的土地。我说："过去的责任不再追究，果断把土地清理干净。"最后，我们将剩下的土地悉数抛售止损兑现。

接着，我们从大规模的住宅用地开发全身而退，开始转向公寓和木结构低层住宅开发事业。在什么地方建造什么样的公寓呢？我按老板的教诲宣布："全部都由我来看，由我来决定。"购买土地时，等盖好十多个章的审批文件送到我手里时再决定就来不及了，因为文件交到我手边需要花费两个星期。如果碰到真正的好土地，早就卖出去了。

文件制作可以往后放。关键是要做好对公寓容积率，与附近学校、车站、医院、超市之间距离等信息的详细调研，还要参考附近公寓的售价。我会当场决定是否购买土地。根据土地的购买价格，我逐渐能立刻心算出公寓应该定的售价。每次出门行动我都是一个人。虽有下属想陪我一起，但我都拒绝了，因为我认为对方"即使跟着我一起去，也当不了我的保镖"。

根据在团地工作时积累的经验，我现在常对员工说："如果有信心，不用等文件审批，就可以把土地买下来。"只要把公司的钱视为自己的钱，以此做出决定就没问题。我还告诉大家，"如果真的做到了这一点，那么即使被上司说三道四，也要挺起胸膛自信地回答'我没说谎'。"

大和团地位于大阪市西区的商务街区，平时我乘坐电车和公交车上下班。妻子每天会从家里开上轻型轿车把我送到最近的车站。据说附近有一位太太对我妻子说："您的丈夫是上市企业的社长，开轻型轿车合适吗？"而我对这种事是毫不在意的。确切地说，是没有在意这种事的时间和精力。妻子也心平气和地说："轻型轿车既省油又好开，挺好的。"

在我就任社长后的第3个月，大和团地负有连带保证责任的一家医院倒闭，我被迫背负起68亿日元的债务。然而，即将陷入资不抵债境地之时，老板曾严格禁止我从银行获取新的贷款。我不知如何是好，于是去大和房屋工业总公司拜访老板。

豁出命来得出的结论

石桥信夫老板也不知道大和团地对那家医院负有债务保证责任。因此，在我和他商量筹款之事时，他说："这不是社长应该解决的问题吗？"听到老板的话，我一时无所适从。最后，他怒吼道："你自己想想办法吧！"真是太不讲理了！我也怒火中烧，于是抛下一句"真是受够了"，就冲出了房间。

在我即将离开大楼时，遇到了兼任大和房屋工业和大和团地会长的石桥赳一先生。恐怕我当时的表情很可怕，不然石桥赳一先生也不会问我"怎么了"。然而，还在气头上的我只说了一句"什么事都没有，我回去了"，就回到了大和团地。

我当时气得甚至没有给赳一会长一个好脸色。那一夜，我彻夜未眠。虽然老板说的话没有道理，但是我的态度也太失礼了。因此，第二天一大早我就去找老板道歉了。我早晨七点半到达总公司，打算等老板来公司。结果，老板的秘书对我说："老板已经来了。我已经早就被老板琢磨透了。"

进屋后，老板一脸不悦地问："什么事？""昨天非常抱歉。"我向老板低头，然后接着说："虽然您说的话我一时无法接受，但如果是您的指示，我豁出命也会努力做到的，不过其影响可能不仅仅局限于大和团地，可以让我放开手脚做吗？""想办法做好吧。"最后老板只冷静地对我说了这么一句话。

虽然这么说，但我根本想不到什么好办法，陷入了职业生涯最大的困境。最后，我果断地前往曾给予这家破产医院融资的某个银行。面对出来与我会面的董事，我质问："我们确实负有连带保证责任，但是，银行给医院发放贷款，也应承担责任不是吗？"然后逼问他："这是我豁出命来得出的结论。你能代表银行，拿出结论吗？"

为了化解难题，我已经做好了在银行行长家门口静坐示威的思想准备。也许是我的气势发挥了作用，那位董事对我说："请给我们一些内部沟通的时间。"几经周折，最后得出的结论是，对于大和团地和这家银行互相持有的股票，大和团地将持有的这家银行的股票抛售。但这家银行继续持有大和团地的股票，双方仍保持友好合作关系。能遇到如此善于化解难题、打破僵局和雷厉风行的人，真是我的幸运。后来，这位董事还升至副行长。

虽然在债务保证问题上老板态度蛮横，但是他依然作为取缔役顾问，出席大和团地的董事会，支持我的工作。老板最讨厌找借口的行为。在董事会上，一旦出席会议的董事做出类似辩解的行为，我总会说"不要说没用的话"来制止对方。有一天的董事会，我们由于思考其他事耽误了时间，稍微迟到了一会儿，惹得老板用手杖敲桌子，大发雷霆："你们这些家伙，就不能拿出哪怕我的五分之一的努力来工作吗？"吓得我不知所措，所有人都受到了严厉的斥责。

我来到大和团地两年后，一次董事会结束，老板上车前对我说："我以后就不来了。如果有事，你来找我就行。"老板这才认可了我的能力，允许我摘掉新手社长的标签。

调到大和团地当社长时，我被报社记者团团围住。他们都问："你会裁员吧?"我反问："这是什么意思?"他们说："必须减少人手，降低人工成本……"实际上，如果在负债达到营业收入两倍的危难时刻进行裁员的话，最先离职的将会是优秀员工。这样一来，就不可能东山再起了。

石桥信夫老板（前排右边）、石桥毅一先生（前排左边）和我（正中间）

始于蛹

"每年招聘 100 名以上员工。关东地区的分店数从现有的东京 1 家增加到 5 家，全国的分店数在现有的 8 家基础上扩大 2 倍。"这是我下发的指示。因为老板下达了不可动摇的命令，所以我决不能让大和团地破产。我向大家展示了增加人员，转守为攻并让公司重回发展轨道的坚定意志，并将经营目标定为"用 10 年时间，恢复分红，营业收入达到 2000 亿日元，经常利润①达到 100 亿日元"。

走遍各个事业所，一个明显的感受就是没有士气。

---

① 经常利润，指损益表中所显示的利润中的一种，通过在营业活动创造的营业利润基础上加减营业活动外的经常性活动所带来的损益，即营业外损益来计算。它反映包括财务在内的整体经营能力。——编者注

如果说大和房屋工业的员工是草莽武士，那么大和团地的员工就像优雅的绅士和官员。不过，他们并不拧巴，非常坦率，所以我认为未来还是很有希望的。于是，乘坐新干线的时候，我试着在手账上列出解决方案。

I① = 不找借口

G = 不隐瞒

A = 不放弃

N = 不逃避

A = 心态阳光

S = 工作高效

这几个字母从下到上连起来，读作 SANAGI。因为在日语中，蛹读作 sanagi，所以我给新生的大和团地设置了一个口号"始于蛹"，希望大和团地能够像蛹一样，将来变成美丽的蝴蝶。为了不仅在口头上，更在视觉上体现这一口号，有的事务所还把办公楼染成了蛹一样的黄绿色。

上午八点半开工，但我七点前就会进入公司。从七

---

① I、G、A、N、A、S，这些首字母是等号后面日语单词对应罗马字的首字母。——译者注

点半开始，我会不经过秘书，直接给八个分店长打电话，上来就直奔主题，安排工作。一开始，大家都很吃惊，不久，干部和员工也来得早了许多。

老板从大和房屋工业抽调了一名擅长财务和会计的优秀人才。他向我提交了许多精细的财务报表，在与大和房屋工业合并前的八年间，他一直是我的左膀右臂。这也使我明白，为重振企业派遣员工时，一定要同时配备参谋助手。

有一个常务在一家分店常驻期间，谎报了订单金额。那个常务是在我就任社长时卸任的会长一手提拔上来的。我向前会长汇报完这件事的来龙去脉后，他对我说："随着职位的提升，有的人会变好，而有的人却会变坏。他以前不那样，可最终还是沦为了那种人啊。既然大和团地已经交给了你，那就按你的想法处理吧。"前会长的话让我松了一口气。征得他的同意后，我就将那个常务辞退了。另外还让两名董事提交了辞呈。我向石桥老板汇报情况后，老板只说了一句："善于裁人，才是真正的企业家。"

负责销售名古屋滞销公寓的员工干出了不错的业

绩，虽然只有 36 岁，但我仍将他提拔为分店长。只要拿出干劲儿，干出成绩，无论年龄大小，我都会给机会。相反，对于那些一无是处的分店长，我也会毫不犹豫地把他们换下来。

现在正是好时机

1994 年 3 月，人事科长慌慌张张冲进我的办公室，对我说："不得了了，有 120 名员工离职。""别担心，查一下离职人员的入职年份，大部分应该是 1989—1991 年入职，是我们在泡沫经济鼎盛时期'三顾茅庐'招来的人。"我预测道。果然不出我所料，85% 的离职员工都是在那个时间段入职的。第二年，同时期入职的员工当中又有 110 人辞职了。

如果裁员，对公司失去信心的优秀人才会率先辞职。因此，我将责任下沉，让每一个人都对公司的发展负起责任。这样一来，习惯待在温水里的"青蛙"受不了热水的温度，便一个个跳了出去。我指示："现在就业市场形势不好，正是我们招聘的好时机。每年录用 100 名的新员工，照旧，社招也要开启。"于是，我们招来了许多闪闪发光的优秀人才，人数和泡沫经济时期入职的离职员工一样多。

真正意义上的裁员实现了。人与人之间能力的差距并不大，干劲儿的大小才会将人拉开距离。如果用心工作，本来所具备的能力就会自然而然地发挥出来。

大和团地总公司大楼的办公区是禁烟的，但各层楼梯之间的休息平台设有吸烟角。我是个烟鬼，经常去各个休息平台吸烟。社长突然出现，比烟气还让人讨厌。员工看到我后一哄而散，"给我回来！"我说着就把他们带回来，东拉西扯地聊起了天。

休息平台的聊天持续了一年之后，原本对我非常警

正在和大和团地年轻员工畅谈的我（右数第二个）

惕的员工也慢慢敞开了心扉。我甚至听到有人毫无顾忌地说："一开始看到社长来，我说了一句'侵略者来了'。"这说明大家终于相信我的目的是重振公司了。虽然仍有巨额的负的遗产，但是 1995 年 3 月大和团地实现扭亏为盈。蛹终于睁开眼睛，开始展翅。

第五章　消灭大企业病

1万亿日元的企业，开启新征程的社长

"想问您一些事情。"一天，报社记者找到我说："我想知道大和团地经营状况好转的原因。"我回答："业绩都是员工干出来的，赞美一下我们的员工吧。"记者放下笔说："这样的内容是写不成新闻的。"为员工创造舒适的工作环境是企业家的使命，因为只有让员工拥有梦想，看到未来，他们才会毫不动摇地为公司好好工作。

大和团地东山再起后，石桥老板对我说："公司名字可以改了，叫大和home怎么样？"我说："叫团地就挺好。我们这个穷公司不适合企业标识（CI）。"以木结构低层住宅和公寓为杠杆，大和团地的业绩得到恢复，恢复到我甚至敢和老板如此轻松说笑的程度。2000年3月，大和团地恢复了2.5日元的分红。经过努力，大和团地终于可以作为一家企业，开始对股东和社会履行最基础的义务。

"樋口君，兼任大和房屋工业的兼职董事吧。"老板对我说。"团地的工作比较忙，我就不当了。"我拒绝了老板的提议。然而老板不顾我的反对，坚持说："没事，你可以的。"于是，2000年6月我成为兼职董事。同年8月，老板叫我过去，对我说："樋口君，咱们合并吧，对等合并。回来当社长吧。"我又被老板"算计"了一道，贸然让我担任兼职董事就是此事的伏笔。于是我抓紧在12月召开了临时股东大会，合并议案得以通过。2001年4月1日完成合并，存续公司为大和房屋工业。大和团地1股对大和房屋工业0.3股。

合并后，公司的营业收入超过1万亿日元。老板对我指示："3月底之前去大和房屋工业的所有分店、工厂都走一圈儿。"这个指示和我去大和团地时一样。虽然暂时离开过一段时间，但这是我已经待了30年的公司，因此我对老板说："我已经知道基本情况了。"但老板毫不让步，他说："当一个1万亿日元企业的社长，意味着你将没有休息时间。"于是，我开启了67家分店、13

家工厂的访问之旅。

合并那天是 4 月 1 日，星期日。我命令公司调休，并将 600 名干部聚集在总公司的大会议室里，我对大家说："虽然大和房屋工业有着出色的经营资源，但是从总体上来看，已经没有 1996 年单体达到 1. 169 万亿日元营业收入的势头了。我们的首要工作是增加订单数量，没有销售就没有企业。"

我想各部门应该会在早会上传达我的讲话内容，于是一层一层按顺序开始逛。我走到一个事业部，看到分管该部门的董事面对着 100 多名员工正在讲话。我站在最后一排员工的旁边打算听一听，却什么也听不到。我问旁边的员工："你能听到吗?"员工回答："听不到。"其他人也是一样的回答。

那一天公司迈出了新的一步，是非常重要的日子，然而，装样子在讲的董事和装样子在听的员工上演了一出滑稽的闹剧。于是，我站在队尾大声地怒吼道："给我听着! 要是没想让大家听，就给我闭嘴!"面对刚才讲话的董事和惊讶地向后看的员工，我继续吼道："开早会是为了什么? 这样不过是走个形式，根本传达不了任何信息!"其实，比起生气，我更感到羞愧。

我到大和团地工作的 8 年间，大和房屋工业里蔓延着"大企业病"。为解决这个问题，我首先从董事教育开始改革。在 4 月的董事会上，我通知大家:"董事的任期由两年改为一年。"这一举措也得到老板的批准。其实，一开始老板不太同意，我对他说:"当今时代，变化很快，一旦被任用就能安稳两年，这是行不通的!"听了我的话，老板也表示认同。

发布合并消息的大和房屋工业东乡武社长和我（右）

我走遍各个楼层，听大家介绍本部门存在的意义。对于那些介绍不清的部门，全部予以废除。总公司内，工作内容相似的两个技术部门在一起办公。我问年轻员工："这两个部门哪里不一样？"员工小声回答："部长有两个。"越是无法区分，越说明他们的工作有很多相同内容，于是，我把这两个技术部门合并，把那位在总公司失去立足之地的部长派到了基层现场。我已做好再次成为魔鬼的心理准备。

赤字分店长的奖金为零

2001 年 4 月合并之初，还清 1350 亿日元的有息负债是当务之急。一开始，石桥信夫老板对我说："用 4 年时间给我还清吧。"结果到 8 月就变成"3 年"，12 月又缩短为"两年"。后来，全国各家分店过去买下的土地价格急速下降，甚至低于收购价格，老板正是预见到了这一点，才作出了上面的指示。因此，我下令："在一段时间内因处理土地而产生的赤字由总公司承担，总之，以能成交的价格把土地都卖掉吧。"

分红由 17 日元降为 10 日元，董事降薪，奖金取消。管理层的工资减少 10％，员工的奖金额度也控制在月度工资的 1.7 倍。在大家的共同努力下，按照老板的指示，两年内还清了借款。

消灭大企业病关乎人才的培养。在董事会、分店长会议上讲话时，我会通过具体的实例指出问题。在参观位于富山县的 YKK AP 工厂时，有一个在角落的机器没有运转，那是专门为大和房屋工业制作窗框的生产线。在接待室，我拿起两个窗框进行对比，选出了印象较差的一款，结果这款也是为大和房屋工业制作的。他们太认真了，连窗框上的半圆形月牙锁都是原创。

然而，他们虽有一颗认真工作的心，却做了很多无用功。于是，我一针见血地指出："想一想，顾客看到这种原创样式的月牙锁会感到开心吗？这种原创的零部件不仅生产效率很低，价格还很高。为了维修，还得设置一些库存，这样又会产生损耗。"他们不仅缺乏营销思维，而且没有成本意识。

此外，我说："我们最大的竞争对手是当地的工务店①。"我们在住宅展销会上大力宣传，招揽顾客。而某家工务店却在会场出口等待，对准备回家的顾客说：

---

① 工务店是扎根于日本各地区并只在其所在地区开展业务的建筑公司，主要为当地客户设计施工住宅等建筑，有些工务店也会开发、销售住宅用地并承建在该土地上建设的住宅或建好住宅后将土地和住宅一起销售。

"耽误您一点时间"，然后把顾客带到他们正在销售的住宅。他们会提前在大企业的住宅展示厅拍很多照片，仔细研究，取其所长，在玄关、厨房、洗手间、浴室采用好的设施或建材。因为不用花钱宣传，所以售价很便宜，一下子就吸引了掌握着房屋购买决定权的太太们。这是我在大和团地当社长时，当地一家工务店的社长告诉我的真实情况。

我问："你这样开诚布公，没关系吗？"他直言不讳地说："我们的竞争对手不是社长您，而是当地的分店长。我可是老板，是个企业家，怎么能输给那些只是员工的分店长呢！"

岐阜县有一个手艺精湛的木匠，名叫藤原宽藏，是我母亲家里的亲戚。请他干活儿的人非常多，手边的活儿总是排到两三年后。他接订单，给人盖房子，广受好评。好的口碑就这样树立起来，经过口口相传，客户越来越多，工作纷至沓来。无论是当地的工务店，还是宽藏先生，都与当地保持着密切的联系，想民之所想，解民之所需，通过细致入微的工作，逐步获得了客户的信赖。

熟悉当地情况的分店长，如果能像当地工务店那样做的话，就无人能敌了。事业规模越大，公司越有信誉，技术水平也越高。然而，与当地保持密切联系落实起来并不容易。遗憾的是，一些分店长甚至认为公司规模大，自己便可以安于现状，不思进取。这个时候，我突然想起老板曾经说的那句话，"有的人能意识到，有的人意识不到"。

面向大和房屋工业的管理层以及集团公司董事讲话时，我只讲几个要点，作为判断标准。但同样的话我会重复很多次。因为"知道"和"明白"虽然看起来差不多，但完全是两回事。比如学习游泳，就算在课堂上用课本或视频教给学生游法，他们第一次入水时还是难免溺水。为了自救，他们往往拼命地游动，努力回忆动作要领。这时才第一次"明白"游法。因此，现场主义是非常重要的。

"出现赤字的分店长原则上奖金为零。"2001年11月15日，《日本经济新闻》早报上的这则报道在公司内部引发骚动。"分店长是社长的代理人，必须对经营业绩负起责任。"面对看过报纸、前来采访的电视台记者，我依然坚持自己的一贯主张。

借助外部媒体传达重要信息的做法，和前职业棒球教练野村克也向媒体"发牢骚"是一样的。有时比起直接说，这样可以更快、更好地传递信息。临近人事考核时，虽然会有分店长的妻子给人事部发来邮件，询问："我丈夫的奖金没问题吧?"但公司上下充满紧张感了。

大和ハウス工業は赤字支店の支店長に対し、原則として今冬の賞与を支給しないことを決めた。削減分は好成績の支店長に上乗せし、成果主義を徹底する。

九月中間期の実績をもとに支店ごとに経常損益を算出し、赤字の場合は原則として支店長の賞与をゼロにする。

大和ハウス

赤字支店長ボーナスゼロ

赤字支店数は非公開だが、全国八十支店のうち千力所を上回る可能性があるという。

これまでも業績などにより支店長の賞与に差をつけてきたが、賞与が多い支店でも少ない支店長の五割増し程度だった。樋口武男社長は四月の就任以来、「支店長は社長の代理人として営業成績に責任を持ってもらいたい」と繰り返しており、今冬の賞与で業績配分

传达"赤字分店长奖金为零"的报道

（2001年11月15日《日本经济新闻》早报）

不换人是没有意义的

　　成为社长后不久，我对石桥老板说："我要废除事业部制，改为分店制①。""为什么？一直以来这种方式不是挺好的吗？"老板强烈反对。因为我要动摇的是公司 17 年来形成的组织架构的根基，所以老板是不会轻易答应的。我据理力争："这么做是为了培养人才。如果不让分店长拥有一定的职权，他们是学不会如何经营公司的。"最后，老板松了口："既然你都说到这个份儿上了，也可以试一下。"我立刻回答："我会好好做的。"于是，激烈的争论画上了句号。

　　过了一个月，再见到老板时，他非常平静。可见，

---

　　① 是指分店长直接向社长负责的制度，相对的"事业部制"是事业部长直接向社长负责，而分店长则受事业部长管理。

经过深思熟虑，老板已经接受了分店制。不过，他以严厉的口吻告诫我："樋口君，只改组织架构，而不换人，是没有意义的。"正如老板所言。2002年4月开始实行分店制后，分店长的职权大幅增加，很快开始自己做决策。接着，必须扫除那些总看事业部部长和董事脸色行事的"趋炎附势之辈"。之后一年半的时间里，有21名分店长依然如故、毫无长进，于是我便将他们全部撤了职。换了分店长之后，那些分店的业绩整体好了起来。由此可见，如果只是倡导观念改革、调整组织架构，而不换人的话，经营效率也是无法提升的。

每个分店内负责不同事业的营业所，由分店长指挥，而分店长直接听命于社长，对工作负有全部责任。

人才培养迫在眉睫。我们组织了经理人研修、特殊项目团队研修、优秀员工研修和核心员工项目团队研修，完善了公司内部的教育制度。我们实行分店长公开招聘制度。在一次面试中，一个36岁的优秀员工给我留下了深刻的印象，可能是受到他强大气场的感染，我对负责招聘的董事们说："让他当分店长吧！"结果大家都反对道："他还年轻，先让他当个副事业部长历练一下吧。""别做无用功。"我力排众议，坚持把这名员工由姬路分店住宅营业所所长提拔为富山分店的分店长。

我也是在 36 岁时成为山口分店的分店长。虽说今时不同往日，但每个人都会遇到自己的机遇。他就是牢牢抓住了属于自己的机遇。世人常说"都是因为运气好"，殊不知，好运绝不会光顾那些毫不努力的人。

2003 年，我们开始面向公司全体干部职工实施"企业内部创业制度"，收集利用大和房屋工业或者关联公司的经营资源，开拓新市场、新产品和新服务的创意，招募能够将这些创意变为现实的创业团队。通过在新事业中开展头脑风暴，以期全体干部职工能够实现"石桥信夫化"。

对于入选者，我们会给予表彰，并给予 10 万日元的奖励金。对于事业企划被采纳的创业团队，我们会给予 100 万日元的奖励金。如果事业成功实施，还会根据收益，给创业团队分红。第一次评比收到 157 个创意方案，其中"健康二手房""公寓改建事业"等 6 个方案入选。

在我当上会长之后，曾有人热情高涨地对我说：

"我想在马来西亚开拓住宅事业。"我说:"好的,不过,你要做好不是开分店,而是开公司当社长的思想准备。"然后,我继续鼓励他:"不在当地居住,是无法了解不同国家和地区之间宗教和文化差异的。用一年的时间,和商社以及当地企业中有头有脸的人建立联系,积累人脉。"人,只有给他机会,才能获得成长。

因为拥有1.8万亿日元营业收入的家底,所以一点小的波动并不会让公司地动山摇。我大声说:"就算你失败了,公司也不会倒闭的。不要害怕,大胆去干吧!"最后对他说:"不要给我纸质版的报告,直接来向我汇报。"因为我想直接根据对方的目光和语气的轻重来判断项目的进展情况。我相信员工提出的创意当中,一定会有新的事业生根发芽,并能在将来成长为支撑大和房屋工业未来发展的参天大树。

"大和房屋私塾" 开讲

2008 年, 为了培养后备干部, 我们开办了 "大和房屋私塾"。由经营干部推荐候选人, 通过进一步的选拔, 确定大和房屋私塾的学员。招募范围不仅有大和房屋工业, 还包括集团各关联企业。第 1 期有 58 名学员, 截至第 5 期, 共有 220 名学员。学员相当于通过了经营管理层组织的实地面试, 截至目前, 含关联企业在内, 共有 39 名学员被提拔为董事。

课程设置非常严格。从 5 月开始, 每月 1 次, 每次两天, 一直持续到 12 月。在此期间, 学员必须一边像往常一样处理日常工作, 一边学习课程。前半期主要学习市场营销、领导力、财务等方面知识, 后半期围绕大和房屋集团的问题, 以及将来应该着力的事业方向进行讨论。如果事业方向提得好, 有时会让提案者将其付诸实践。

每次的课程都由董事担任讲师，为学员讲述他们各自的经验，以及对商业的思考。当然，我也会站上讲台。讲师讲完之后，便进入自由讨论环节。因为集团总体涉足的事业领域非常广泛，所以学员经常会碰到自己之前完全不了解的工作课题，并就此交换意见，类似于一种跨行业交流研究会。第4期学员课程结束时，我聆听了10个小组的最终报告，其中不乏有意思的内容。最后，我一边讲评，一边发表了20分钟的讲话。

此外，我还打算积极地从女性员工当中培养一批能够胜任经营管理的人才。遗憾的是，大和房屋工业虽然有女性担任科长，但是还没有女性担任过部长。在创业60周年的2015年之前，一定要培养出女性部长。总而言之，人很重要，经营的关键在于人。

自1999年大阪总公司大楼竣工之日起，公司内全面禁烟。我当上社长后，在总公司的各个楼层设置了吸烟角，和大和团地每层休息平台的吸烟角一样。为了吸烟，专门坐电梯去一楼，不仅浪费电，还非常浪费时间。位于东京饭田桥的东京分公司，曾因很多员工聚集在公司附近的桥上吸烟，而被周围的人投诉。因此，从各种意义上来看，吸烟角都是有用的。

我第一次出现在吸烟角时，原本在那里吸烟的一名员工急忙起身离开。"为什么要走？"我叫住他，然后和他闲谈起来。从第二次开始，我们就可以轻松地聊天了。在公司的某些角落，一定有些"钻石原石"正急切地等待着被人挖掘出来。那些经过研修和现场培训，能力提升的员工，在现在的岗位上，是不是大材小用了呢。我每天一边吸烟，一边求贤若渴地寻找前途无量的有为青年。

只有两个人的董事会

在 JR 大阪站乘坐上午 8∶42 出发的"雷鸟"号特别急行列车，中午 12∶15 即可抵达石桥信夫老板的疗养地——位于石川县能登的石桥山庄。从 1999 年开始，大约 4 年间，我每个月都会前往山庄。起初我的职位是大和团地的社长，后来就开始以大和房屋工业社长的身份，在董事会召开前，向老板汇报经营状况。

在我全部汇报完毕后，老板说："我要把必须跟你说的事全部讲给你听。"说完这句开场白，老板便滔滔不绝地讲了起来。聊天内容从参军时期到企业经营，甚至会谈及亲戚来往。老板有时会故意说错，让我指出来，他非常享受这个过程。

在接待室和食堂之间往返时，"只有两个人的董事会"持续进行。最后"转战"寝室，老板在自己的床上，我在旁边的陪护床上，开启我们的"加时赛"。最长的一次聊到凌晨三点半，伴随着老板说的一句"睡吧"，谈话终于结束。

有一天，我去能登拜访时，老板的身体状况不太好。然而，我们的谈话依旧和往常一样。在老板身边照顾他的人感到非常不可思议。事后我才知道，我一回去，老板的病情就恶化了，情况非常严重。有一次，关联企业的社长说："老板让我跟你说，你这么忙，有什么事可以发传真。"然而，我认为老板的意思是希望我"再来一次"，于是就去了山庄。果然，不出所料，老板又作出新的指示。

一天晚上，老板斩钉截铁地说："内内外外，我谁都不欠了。"老板去世后，我曾接到一个电话，对方说："石桥老板生前曾和我有过约定……"目的是想要一些业务。在我说完"请出示证据"之后，对方啪的一声挂断了电话。老板一生都在贯彻"企业是社会公器"的理念，真的是一个清廉正直的人。

一天，老板说："公司名可以由大和房屋工业改为大和房屋。"我回答："公司改名需要花钱，我觉得可以不改。因为我们是第一家实现住宅工业化的企业，所以还是保留'工业'比较好吧。"老板仍不放弃，继续问道："需要花多少钱？"我让相关负责人估算了一下，告诉老板："需要10亿日元。"老板听到后，惊讶地说："竟然要花这么多钱！"于是，公司改名之事就此作罢。

老板失聪的最后两年，我们改为书信沟通。我将与老板的对话记录下来，最后形成的笔记把纸箱装得满满当当，现在仍完好地保存在总公司大楼中我的办公室里。

总公司和东京分公司的大楼于1999年相继落成，两者都是旧国铁清算事业团曾经持有的土地。创业时，老板曾成功地将钢管结构房屋推销给旧国铁，为公司发展打下良好的基础。这不得不令人感叹缘分真是不可思议。"经过五六十年就老化的话，便称不上真正的大楼。"基于老板的这一理念，为了能在100年的时间里，适应时代的变化，我们建造了节能环保、健康安全、品质至上的"百年大楼"。

我们配备了"冰蓄冷空调系统"，利用价格优惠的深夜电力制冰，供白天的空调使用。我们使用"燃气热电联产系统"，用燃气机发电，然后将余热回收再利用，其能源效率高达 80%。我们用空调设备产生的废水，以及雨水来冲马桶，其水量达到总用水量的三分之一。我们采用混凝土填满钢管内部的 CFT（钢管混凝土结构），设计了可以抵抗阪神淡路大地震震级的结构。这些最新技术均融入两栋大楼的构造之中。

老板说："为了将来，要先建好分支机构。总公司和挣钱的部门不能相提并论。"于是，老板优先了一线营业分店的建设，而将大阪和东京大楼的新建计划放在最后。建设完成时，老板已经坐上了轮椅，腿脚不再灵便。老板去大阪总公司自己办公室的次数只有十次左右，而东京分公司的办公室，则仅仅去过三四次。老板知道自己所剩的时间已经不多了。留下东西两栋大楼，并不是为了自己，而是为了公司长远发展而作出的一项战略部署。

老板说："总公司里我那个房间，可以为我原封不动地暂时保留一段时间吗？"我急忙在纸上写下几个大字"老板的房间，永久保存"。老板看到后，满意地点点头，接着说："我在东京的办公室，你可以用。"于是，我将老板在东京的办公室原封不动地保留了一年，之后心怀感激地用了起来。

你一点苦都没吃

还有一个人，和我一样，每月都会去石桥山庄登门拜访。他叫中坊公平，1963年成为大和房屋工业的顾问律师，1999—2005年担任监事。老板认为"年轻的公司应该配备年轻的律师"，所以拜托中坊先生担任公司的顾问律师。他们的故事便从这里开始。

第一次见面时，老板把中坊先生带到附近的定食餐厅，询问了许多问题。得知中坊先生的父亲也是律师，而且经营着一家旅馆后，老板指出："律师是为人们解决困难的，而你却一点苦都没吃，这样能救人于水火之中吗?"

中坊先生问："应该吃怎样的苦才好呢?"老板说："最好是去拘留所，你进去过吗?"中坊先生回答："进去过。"先生曾在战争时期出去买米，不料被经济警察发现，米被没收。好不容易买到米，却被夺走，气得先生一边说"这个也一起拿走吧",一边当场把麦子撒了一地。先生坦白:"因妨碍执行公务,我被宇治警察署逮捕。从此再也没干过第二次了。"老板听了之后,展颜一笑:"挺酷的嘛!"从此,两人开始了长久的交往。

之后,中坊先生先后担任了森永毒奶粉事件被害者律师团团长、丰岛产业废弃物非法投弃案律师团团长等,历任日本律师联合会会长、(不良资产)整理回收机构社长等职。先生病倒住院期间,我前去探望,保安警察(SP)却站在病房入口处,不让我进。"让我进去!""不能进。"我和保安警察争执起来。先生听闻,便在病房里大声招呼道:"请进!"于是,保安警察终于把我放了进去。这一瞬间可以窥见整理回收机构的工作之艰难。

在一次聚餐的酒席上,当时的小渊惠三首相问中坊先生:"你是不寻常之人,是受到了谁的指点?"中坊先生回答:"正在能登疗养的大和房屋工业创始人,石桥信夫先生。"过了几天,那个有名的"渊式电话"打到山庄。先生笑着说:"首相热心来电慰问,可石桥老板却提出了改革税收制度的要求。"

感谢你"唱黑脸"

中坊先生的直言进谏多次帮助大和房屋集团化险为夷。第一个向老板提出"大和团地的状态不对，需要立即采取措施"的就是中坊先生。他还向老板的长子、时任大和房屋工业社长的石桥伸康先生进谏："购买住宅动辄要花上千万，室内设计却千篇一律，这太奇怪了。"因为业绩不佳等，老板很快决定更换社长，但是作为父亲，他很难说出口。于是，先生就代替老板转达了他的意思。

在我就任大和房屋工业社长时，老板曾拜托先生："之前我当社长的时候，分饰两角，既唱红脸，又唱白脸。今后，你就作为监事，在董事会上多说些难听话，替樋口唱唱黑脸吧。"召开董事会时，我的旁边是担任监事的中坊先生的指定座席，这也是老板的安排。

先生提前跟我说："我有时说话会有些刺耳，但请你明白，这都是为了更好地支持你。"先生不会不分青红皂白地批评，但当他认为确有必要时，便会在董事会上将项目一举推翻。已退休的老董事对我说："你的处境似乎很艰难啊。"可以猜到，有人去找老董事哭诉过了。其他的董事并不知道先生是代替老板，在为我唱黑脸。还有谁会甘愿为我扮演恶人角色呢？对于中坊先生来说，老板也是绝对重要的存在。

2003年2月老板去世前，中坊先生来到石桥山庄，临走时，老板说："再住一夜吧。"第二天又说："再住一夜吧。"于是，先生在山庄一共留宿三晚。老板可能意识到自己大限将至，在中坊先生离开时，他坐着轮椅来到玄关，目送中坊先生离开。"记得再来。""我还会来的。"这便是40年来志同道合的两个人最后的对话。

"为了促进董事之间的交流，在大阪总公司15层的董事层设置一个交流室如何？"这也是中坊先生的提议。有了交流室之后，每天早晨，董事们会顺道走进来，自己冲一杯咖啡，一边闲谈，一边无所顾忌地交流彼此的想法。因为没有繁文缛节，所以能够快速作出决策。

曾有一项新技术，颇有发展前景，我决定在董事会上把它作为一项新事业提出来。我问坐在旁边的中坊先生："您帮我实地考察过了吗？"听闻此言，先生立刻前往现场，进行实地考察。

听到先生从现场反馈的建议，我决定放弃这项新事业。我前往山庄向老板道歉，老板狠狠地斥责道："你小子是想让公司破产吗？"

2005 年 4 月 5 日，在总公司举行的长期连续任职员工表彰①，已经卸任监事的中坊先生受到特别表彰。当我诵读奖状内容时，往事历历在目，我竟无语凝噎。那是我第一次在员工面前流泪，也是最后一次。

①　对连续在公司工作 20 年、30 年、40 年、50 年……员工实施的表彰。

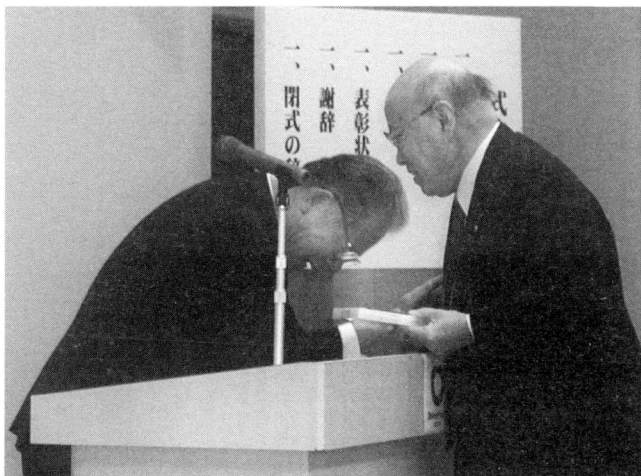

给中坊公平监事颁发奖状时，我感慨涕零，泣不成声

向遗照发誓，实现 V 形复苏

2002 年 11 月前后，石桥信夫老板说："大和房屋工业自创立以来，从未出现过赤字，但出现一次也没关系。"我怀疑是自己听错了，因为老板一直奉行着其尊敬的松下幸之助先生所说的"赤字是社会之恶"的理念。

我立刻给分管财务的董事打电话，询问了包括高尔夫球场等固定资产的减值损失，离职补偿金相关费用的减值处理损失等所有损失总额。回答是"大约 1500 亿日元"。处理这些损失应该需要四五年的时间，我和他确认："没有更多损失了吧?"他说："请给我一周时间。"最后，经过全部清算，总额达到 2100 亿日元。如果一点一点慢慢处理，势必会丧失良机，因此，我下定决心在 2003 年 3 月会计年度将所有损失一次性处理干净。

我决定 3 月上旬前往山庄，向老板汇报，以征得他的同意。于是，2 月 21 日，我参加了高知分店的员工培训。然而，晚上 7 时许，培训结束之时，总公司突然打来紧急电话。一种不祥的预感袭上心头。电话那头说："老板刚刚离开了人世。"挂断电话后，我立即乘车到冈山站，换上新干线，前往新大阪。

生前，老板说："不要在公司为我举办葬礼。我不希望大家因我而停止工作，哪怕只有一天。""那可不行。"我不肯退让。但老板还是双手做出"×"的手势，表示拒绝。22 日那天，放置老板灵柩的车从能登驶出，经由滋贺的皇家酒店①，以及奈良和大阪的事业所、工厂、研究所等地，驶过最初的创业地大阪市浪速区日本桥，到达北区的总公司大楼。在那里，总公司和集团关联公司大约 100 名干部职工列队迎接着老板的到来。

吊唁者非常多。虽采用非公开葬礼的方式，但我们还是决定 24 日那天在大阪东住吉区的临南寺举办一个

---

① 大和房屋工业开发运营的度假酒店。

小型告别仪式。老板的长子石桥伸康先生委托我致悼词。然而，殡仪馆却极力反对："非公开葬礼从来没有这样的先例。"我坚持道："没有先例，那就创造一个先例！"

能顺利念完悼词吗？我心里没底，于是把自己关在家中的房间，不停地练习。然而，每当我念到"我是老板的学生之一，现在这样闭上眼睛之后，他曾给予我谆谆教诲的画面就像走马灯一样浮现在我的眼前，一字一句历历在目，萦绕脑海"时，便潸然泪下，泣不成声。

告别仪式上，我最终顺利念完悼词。第二天，我进入总公司大楼 15 层老板的办公室。那里挂着一张巨大的遗照。我面对着遗照，汇报道："请允许我拼一把，我不会让公司再次出现赤字了，这次一定实现 V 形复苏。"

4 月 30 日，我们公布 2003 年 3 月会计年度的合并最终损益为亏损 910 亿日元。因为将 2100 亿日元的特殊损失一次性处理完毕，所以创业以来首次出现赤字。报社记者问我："应该也有不产生赤字的办法吧？"我回答："分好几年处理账面损失的话，就像是身负重担，戴着脚镣在经营公司一样。分红减少，奖金不涨，无论是股东还是员工，都将对未来失去希望。"

5月1日，我一大早就开始紧盯股市动向。大和房屋工业以720日元开盘，一时跌到714日元，之后便开始翻盘。5月1日的收盘价比前一天增加35日元；2日的收盘价达到777日元，迎来年初以来最高值。因为营业利润是黑字，负的遗产已经一扫而空，这些都为恢复业绩提供了强有力的动力，得到了股市的肯定。

摆放在石桥信夫老板房间里的遗照和我

无穷无尽的智慧源泉

　　为出席大和房屋工业 300 家建材供应方的集会，我从羽田机场出发，飞往能登机场。出了机场，驱车前往会场的路上，我突然听到了老板的声音，他说："我的纪念馆怎么样了？"虽然应该是幻听，但是能登这片土地正是老板安享晚年的地方，他对这里有着深厚的感情，因此我不能什么都不做。

　　集会刚开始时，我告诉大家："刚才发生了一件非常神奇的事情。我听到了已经与世长辞的石桥信夫老板的声音。"霎时间，会场鸦雀无声。我继续说："老板问了我纪念馆的事情。我向大家宣布，我决定在奈良市的综合技术研究所建一个石桥信夫纪念馆。"集会结束后，我对总公司下达指令："开始策划！"

　　大和团地首次开发的住宅区羽曳野 Neopolis 中，有老板的家。我们将老板家里的景观石、灯笼、樱花树等物品移到了纪念馆的院子里。开馆仪式定于 2007 年 4 月 5 日。这一天，樱花绽放，恰似只为等候这一天的到来。果然，老板还是希望拥有一个纪念馆。

通过老板家里和能登石桥山庄里的种种物品，我们可以追寻老板的足迹。老板幼时的玩具是一个用酒瓶做成的捕鱼工具。据说提前在里面装上虫蛹，沉在河里，就能抓到小鱼。由此可见，老板从小就非常喜欢动手动脑。钓香鱼的鱼竿也是老板自己做的。直到生命的尽头，钓香鱼一直都是老板最大的爱好。老板也非常喜欢吃香鱼。我在福冈分店当分店长时，从博多中洲的香鱼专卖店给老板买了各种香鱼料理，他收到后非常开心。

老板留下一本写满小字的手账。我们把其中写给分店长的 15 项指示打开，进行了展示。内容非常严苛。如果员工们看到这些内容，一定会更加努力吧。

手账有着多种多样的用途。老板曾经给我讲："以前，有一个 O 部长，拜访客户时，会故意把手账落在客户那里。"而手账里面一般都写着自己的姓名和联系方式。出于担心，对方就会在馆内进行广播，呼唤"大和房屋工业的 O 部长"。这样一来，O 部长就能以表达感谢为由，再次拜访这位客户。通过寻人广播，还能给客户公司的全体员工留下一个经常热情登门拜访的好印象。被落下的手账里面虽然写有一些煞有介事的内容，但都是虚构的，即便被看到也不影响生意。老板笑着说："这种假手账那家伙有好几本呢！"

"直觉在先，理论在后""没有比稳定增长更危险的事了""放宽限制有利于建筑技术的进步""21 世纪住宅建设规模将降到 80 万户"，老板留下的这些话语惊人地切中要害。2009 年度的新建住宅动工户数时隔 45 年，跌破 80 万户大关，降至 77.5277 万户。2011 年度轻微回暖，增至 84.1246 万户，仅达最近的一次峰值，即 1996 年度住宅建设规模的一半。

石桥信夫，一位才智超群的伟人，是我们取之不尽、用之不竭的智慧源泉。今天，大和房屋工业这家公司能够屹立于世，都是石桥老板的功绩。今后，无论成为 2 万亿日元的企业，还是成为 10 万亿日元的企业，我们都会把对创始人的敬爱之情持续传承下去。

开馆纪念仪式上剪彩时的情景

石桥信夫纪念馆全景

第六章 停滞就是后退

进军海外

石桥信夫老板生前曾对我说:"我死后,你就接替我吧。"我和老板确认道:"意思是由我来担任会长兼CEO(首席执行官)对吗?"讨厌外文的老板没有回答。于是,我又向老板确认了一次。结果,惹得老板大发雷霆:"不是说了让你接替我吗?"

老板辞世一年后,即 2004 年 4 月,我按照他的指示,就任拥有代表权的会长兼 CEO。同时,将村上健治专务提拔为社长。村上社长工作非常努力。他就任社长时,公司的合并营业收入是 12246 亿日元,在他的带领下,截至 2008 年 3 月的年度合并营业收入达到 17092 亿日元。然而,后来雷曼事件引发金融危机,导致市场低迷,经营停滞,增长乏力。

"停滞就是后退"是老板一直以来的观点。2011 年

4月，我将大野直竹副社长提拔为社长，将村上社长任命为副会长，并委托他着力强化集团关联公司的力量。2012年4月起，村上副会长开始担任旧上市子公司Daiwa Rakuda Industry 和 Daiwa Logistics 的会长。

我和大野社长有着28年的交情，认识之初，他还在静冈分店建筑营业所担任所长。他从来没有打乱过月初定下的目标，这一点给我留下了深刻的印象。总之，他对数字很敏感。我从来没有问过大野社长"这个月的经营数据是多少"。因为在我询问之前，他就已经向我汇报，并提前采取了措施。他也是受到石桥老板直接熏陶的为数不多的在职人员之一。

我们拥有一个远大的目标，就是在创业100周年时，打造一个营业收入达到10万亿日元的企业集团。大野社长上任时，我对他说："请用3年时间把营业收入做到2万亿日元。"他虽然说"一开始压力就好大"，但还是意志坚定地表示"一定会完成目标"。

2015年度的目标是营业收入达到2.5万亿日元。我们从6个视角来判断公司未来的发展方针，即对客户、公司、员工、股东、社会、将来是否有益。只要满足这个标准，就不会出现太大的偏差。

我问年轻员工如何才能达到10万亿日元的目标，多半回答："发展作为主力的住宅事业。"但是，仅靠日本国内市场是绝对达不到这个目标的。因此，无论如何都要扩大海外市场。如果内需为3，那么外需则为7。

老板经常对我说："你可以学学历史。"由宗教问题引发的暴动和战争在世界各地此起彼伏，要想走向世界，就必须了解不同国家的文化、宗教等历史背景。读书是一条捷径。每当读书时，我常想要是年轻时掌握了速读法就好了。现在开始学已经来不及了。我正在实践老板教我的快捷阅读法。读书的时候，精读目录和前50页，以及包括后记在内的最后50页，剩下的中间部分采用略读。最后将内容总结在一张便笺纸上就完美了。

在海外市场中，中国市场非常重要。1972年中日恢复邦交后，老板立刻开始进口中国产的地毯、竹扫帚等商品，很早便与中国建立起良好的关系。得益于此，1983年我们向上海出口建造了32栋别墅，如今还在辽宁省大连市、江苏省苏州市等地销售公寓等，实现了事业的大规模拓展。

我们在施工现场出示图纸，细心讲解每一个施工步骤。掌握了这些技术的施工企业在中国大受欢迎。虽然有人担心"技术会被窃取"，但我告诉大家："别在意，我们要研发更好的技术。"2012年5月16日至19日，我以日中建筑住宅产业协议会会长的身份，组成百人规模的访华团，访问了北京和大连。

2011年7月，我们与合作伙伴中国宝业集团共同开发的工业化住宅获得"建设行业科技成果评估证书"。

日资企业首例独资开发的商品房——位于中国苏州的"和风雅致"

自此，全中国都可以建设采用支撑结构的"斜支撑形式轻钢结构住宅"。我们授予研发团队"石桥信夫奖·特别奖"，予以表彰。

进军海外的关键是英语。2011 年 1 月我用英语做了公司的年初致辞。当我说到"Ladies and gentlemen"时，大家突然喧闹起来。之后我用英语继续往下讲，会场顿时鸦雀无声。因为大家感受到我对提高英语水平的认真态度。这都是点滴努力的结晶。出差时，我在酒店用隔壁房间听不到的音量反复练习；新年家庭旅行时，我也坚持不懈，直至练习到位。

当时，一位大阪话讲得非常流利的匈牙利女性每月会给我上 3 次一对一课程。后来成为大阪府立高中老师的她对我说："要是我的学生都像您那样认真就好了。"虽然这可能是奉承话，但我仍然非常高兴。2012 年年初致辞的篇幅是上一年的两倍，我写了两张便笺纸的内容。最后，我以"Everybody, good luck"结尾，收获的掌声也是上一年的两倍。从这一年开始，我新聘请了英国的老师，于是 2013 年的年初致辞又增加了一些内容。

2013 年 1 月的年初致辞

女士们，先生们，新年快乐！

非常高兴能在这里向大家致以新年祝福。

现在，大和房屋集团正在实施第 3 次中期经营计划，采用"3G 经营方针"。本财年我们将完成该计划，虽然这只是该计划实施的第二个年头。本财年我们还预计达到有史以来最高的营业收入和利润。在此，我谨向大家表示衷心的感谢。

我们的下一个目标是，到 2015 年公司成立 60 周年时，营业收入达到 2.5 万亿日元，营业利润达到 1500亿日元。

不过，这些目标只是上马石。到 2055 年，也就是创业 100 周年时，我们的目标是营业收入达到 10 万亿日元，这个目标我们必将实现。

为了公司的发展，必须开发优秀的人力资源。此外，组织也必须积极高效。听到大和房屋集团的每个员工都非常积极进取，对此我感到非常高兴。

虽然一切进展顺利，但我们还是要保持谨慎高效的工作作风。请检查你所做的决策，其结果是否对客户、公司、员工、股东、社会和将来有益。我们要坚持做出正确的决策，并立即采取行动。如果领导者做不到这一点，管理效率就会下降。这就是所谓的"大企业病"。

我希望大和房屋集团能够成为一个名副其实的"伟大企业"。因此，"请不要忽视小事，要顺其自然，做你该做的事"。希望每个人都能坚持"凡事彻底"，并努力提升自我。最重要的是，希望领导者都能具备"四个品质"和"四种能力"。"四个品质"是指公平公正、无私、雄心、使命感。"四种能力"是指洞察力、领导力、判断力、人格力。

最后，祝大家在新的一年里，百尺竿头，更进一步，百战百胜，心想事成。

谢谢大家的聆听。

祝好运！

跨越领域，向 10 万亿日元规模迈进

我们的目标是 2055 年成为营业收入达到 10 万亿日元的企业集团，而现在还有很大差距。为了达到这一目标，我提出了"未来不可或缺（A·SU·FU·KA·KE·TSU·NO①)"的发展方针。"A"是指"安全、安心"，这是经营的大前提；"SU"是指"速度"，这是大和房屋工业的传统精神；剩下的是指"养老""环境""健康""通信""农业"等新事业领域。

在养老和健康方面，老年人研究所率先发力。我非常渴望新产品。之前去医院时，看到候诊室里挤满了等

---

① "A·SU·FU·KA·KE·TSU·NO"是日文"未来不可或缺"的罗马字表述，同时"A"是日语"安全"的罗马字首字母，"SU"对应"速度"，"FU"对应"养老"，"KA"对应"环境"，"KE"对应"健康"，"TSU"对应"通信"，"NO"对应"农业"。

待检查的患者，我想也许可以让患者在自己家里的厕所里对基本病症进行检查。于是，我问 TOTO 的重渊雅敏社长（现任顾问）："作为技术公司，是不是对这个挺感兴趣的？""这个想法很有趣。"重渊社长表示深有同感。

我们合作的成果就是 2005 年 4 月发售的"智能厕所"。在"智能厕所"里，可以用测量仪检测尿糖，厕所的墙壁和地板上装有体脂秤、血压计和体重秤。这样一来，就可以轻松地检查身体的健康状况了。估计在不久的将来，住宅内积累的数据就可以通过云端或互联网等技术传输到医疗机构了。

从 2013 年 1 月起，我们开始向养老介护器械租赁企业出售"Minelet 爽"，它是一款帮助卧床老人排泄的机器人。它会为被护理者穿上类似尿不湿的专用罩，吸出排泄物，并用温水清洗干净。我们还向开发机器人的初创企业投资，成了他们最大的股东。

为了监测使用效果，我们把样机借给了试用者，据说试用结束打算收回样机时，试用者强烈请求："能不能让我就这样继续用下去？"由此可见，在短暂的监测期间内，我们的产品已经成为人们日常生活中必不可少的设备。考虑到对方的情况，我们就请对方继续使用该产品，并为我们监测使用效果。2012年12月，我也亲自体验，并指出一些需要改进的地方。只要善于把各个领域整合起来，就会有无限的商机。

石桥信夫老板曾说："21世纪是风、太阳和水的世纪。"因此，1999年全资子公司Daiwa Energy成立，主要从事风力发电、太阳能发电、企业节能支援、水资源深度处理等业务。

水资源关乎粮食问题与农业发展。大和房屋工业是通过建筑的工业化而发展壮大起来的。今后，我们将以植物栽培装置"agri-cube"为开端，推进农业的工业化。相信在不久的将来，大米和小麦也将实现工业化生产。

此外，我们收购了"健身俱乐部NAS"，向为护理机构、社会福祉机构开发自理支援机器人的初创企业"Cyberdyne"投资，将电力零售公司"Eneserve"纳为全资子公司，还联合京瓷和NABESHO共同开发了发光二极管（LED）照明系统。

丰田汽车的奥田硕顾问（当时的职务）对我说："你开展新事业的速度好快啊，真是雷厉风行。"我回答：

"速度是中小企业的生命。创始人常说速度是最好的服务。"他继续说:"营业收入达 1.6 万亿日元,已经不算中小企业了吧。"我回复道:"世界上 10 万亿日元的企业有好几十家,从全球视角来看,我们还只是一个中小企业。"如果公司不发展壮大,员工就无法对公司和工作抱有梦想。因此,我们必须马不停蹄地不断开展新事业。

新建住宅动工户数会不断地减少,这是不言自明的。现有住宅的翻修需求今后应该会不断增加。作为拓展翻修事业的抓手,扎根于各地区的家居建材用品超市今后还有很大的发展空间。因此,我们在集团旗下设立了"家居建材用品超市"。

以前公司内部举办培训时,我说:"所有行业领军企业的数量都是'3±1'。"然而,现在已经进入了"2±1"的时代。家电销售巨头山田电机在 2011 年以后,陆续收购了住宅建筑商 SxL,以及住宅设备供应商 housetec 控股公司。由此可见,住宅领域、翻修事业也不能安于现状,跨行业的大竞争时代已经到来。

2007 年,为了纪念公司流通店铺事业 30 周年,我在东京都内的酒店举办了答谢会。这是一项将全国分公司和分店所拥有的土地业主信息，与计划开店的商家连接到一起，并承包相关店铺建设的事业。大型建筑公司也紧随其后，但最终都退出市场。大和房屋工业与土地业主有的从爷爷辈就开始一起合作，如今正和孙辈做生意的情况也并不少见。

"流通店铺事业"是石桥老板的创意，1976年启动，第二年也就是1977年正式成立了"流通店铺事业部"。因为当时还没有"流通店铺"这样的说法，所以一开始打算将其命名为"店铺建筑部"。老板得知此事后，怒气冲冲地说："不是说了叫流通店铺吗？"如今，流通店铺已经成为一个普通名词，可见老板的洞察力有多么敏锐。

服装、眼镜、药妆店、家庭餐厅、便利店等各行各业的租用土地商家，以及土地业主齐聚一堂，真是一场盛会。经营优衣库的迅销公司创始人柳井正会长兼社长代表租用土地商家发表了讲话。自2012年起，大和房屋工业在台湾地区也开启了流通店铺事业。从优衣库的迅猛发展势头可以看出，该领域还有很大发展空间。我决不允许出现"建筑市场已经饱和，趋于成熟"之类的借口。

商品 3 年后就要送进坟墓

　　以三洋电机创始人井植岁男为中心，形成了一个名叫"井植学校"的学习会，石桥老板年轻时就是"井植学校"的学生。因为这层关系，我从三洋的前社长、本公司的外部监事桑野幸德先生那里得到了许多技术上的建议。桑野先生是曾指挥研发出具有全球最高转换效率的太阳能电池的"太阳能电池先生"。他说："虽然制造电力的技术进步了，但是储存电力的技术却很落后。"

　　这说明蓄能事业中蕴藏着商机。受此启发，我决定向开发锂离子电池的初创企业 ELIIY Power 投资，使大和房屋集团成为其最大股东。该公司的吉田博一社长是住友银行（现在的三井住友银行）的前副行长，他曾以庆应义塾大学教授的身份参与了名为 "Eliica" 的电动汽车开发项目，在此过程中，他看到了锂离子电池的发展前景，正是这段独特的经历，使他走上了自主创业之路。

我们也对"Eliica"的开发给予了支持。曾有经济界人士问我："住宅建筑商还做汽车业务吗?"我回答："汽车制造商也有做住宅业务的。"看到大家目瞪口呆的样子，我连忙说"开个玩笑"，便结束了这段对话。

2011年，我们开始发售配备 ELIIY Power 锂离子电池和太阳能发电系统的智能住宅"SMA×Eco ORIGINAL"。它将家庭内的电力消耗"可视化"，配合控制蓄电池的能源管理系统，可以更好地节约用电。如果因地震等原因导致停电，系统会自动放电，照明和电器设备均能照常使用。

2012年6月13日，ELIIY Power 在川崎市举行了新工厂竣工仪式。新工厂每年可生产100万块锂离子电池，加上已有的生产设备，形成了年产120万块锂离子电池的生产机制。在致辞中，我讲到了石桥老板所说的"没有销售就没有企业"这句话。对于初创企业来说，早期的销售并不容易，因此大和房屋集团将会继续全力支持 ELIIY Power 未来的发展。

2011 年 1 月，子公司 Daiwa Lease 开发了紧急灾害救援装置"EDV-01"，地震发生时，装置内的电和水等能够自给自足，供两名成年人生活大约 1 个月。该装置是一个不锈钢材质的集装箱，长约 6 米，高约 2.6 米，宽约 2.4 米，可利用油压使外墙上升，在 4 分半的时间内，变成一栋两层楼的住宅。利用太阳能电池和燃料电池发电，产生的电将储存在 ELIIY Power 的蓄电池中。还会收集空气中的水蒸气，每天制造 20 升的饮用水。厕所的排泄物不是用水，而是用微生物分解的，所以也没有臭味。除此之外，还配有卫星通信功能、厨房、床等。

2011 年 7 月，介绍日本在建筑、时尚等方面前沿设计和技术的"小东京设计周"在美国洛杉矶拉开帷幕，EDV-01 参与展出，并在人山人海中博得了超高的人气。因为一座装置就要花费将近千万日元，所以距离实际应用还需要一段时间。尽管如此，我无论如何都希望它能够被世人看到，因为 EDV-01 真的是一款对全世界所有人都有益的产品。

老板秉持着"商品3年后就要送进坟墓"的观点，要求员工不断进行技术开发和改良。他还反复强调"企业的寿命只有30年，必须创造能够支撑下一个30年的事业"，以此督促员工不断拓展新事业。以前所未有的新产品"钢管结构房屋"起家的大和房屋工业，将一如既往地保持研发型初创企业的初心，继续向前发展。

与 ELIIY Power 的吉田博一社长（左）的合影

一家以建筑为本业的公司，却涉足能源相关业务、健康护理、农业等领域，在外人看来，恐怕非常不可思议吧。丰田汽车的奥田硕顾问曾问我："樋口先生，你们是想要成为一家什么公司？"古往今来，那些世人所需要的新技术和新产品，永远都是我们发展的动力。

速度就是最好的服务

2011 年 3 月 11 日，我坐在开往东京的新干线上，列车离开京都站行驶了一会儿，突然停了下来。那时，我的手表指向下午 2 点 46 分。过了一会儿，乘务员简短地播报道："发生了大地震，海啸造成人员伤亡。"听到新干线车内广播关于地震的消息，乘客们全部拿出了手机，但是谁也打不通。

我的直觉告诉我，此事非同小可。邻座的男子用手机看起了电视直播，我不时地瞟向他的小屏幕。列车稍动即停，我们被关在车里待了 4 个小时。在岐阜羽岛站，我终于幸运地换上了下行新干线。回到新大阪站时天已经黑了。

根据阪神淡路大地震时积累的经验，全公司上上下下立即行动起来。地震当天下午 3 点设立灾害对策总部，6 点召开第一次会议，确认员工安危，了解现状，拟定今后的对策。第二天，也就是 12 日，由建筑施工企业和设备安装企业组成的"合作会联合会"会长从四国赶到总公司，询问："我们有什么能做的吗？"

为了建造今后可能会供不应求的应急临时住宅，我们立即启动了"DASH 工程"。D 指大和房屋集团，A 指行动（Action），S 指快速（Speedy）与安全（Safty），H 指热诚（Heartful）。于是，3 月 19 日，在物流网断裂的情况下，岩手县陆前高田市市立第一中学的校园里，首批 36 户临时住宅开始动工。施工队全速推进施工进度，从动工到竣工共用 3 周时间，最终整个集团建成了 1.1 万户以上的临时住宅。

在震级为 5—7 级的受灾地区，大和房屋工业的总施工件数为 15.71 万件。其中，住宅为 10.3682 万件，占总体的三分之二，其余为公寓、商铺、工厂、事务所等。我向大家指示："和受灾地区的所有顾客取得联系！"

受灾地区临时住宅的建设刻不容缓。作为由住宅相关行业团体组成的住宅生产团体联合会会长，3 月 14

日，我与担任联合会副会长和住友林业会长的矢野龙先生、积水房屋的和田勇会长兼 CEO，以及三井之家的小川修武会长（当时的职务）一同拜会了大畠章宏国土交通大臣（当时的职务）。大畠国交大臣一开口就提出："希望 2 个月建成 3 万户。"在一片混乱之中，需建户数不断膨胀，在谁也没能判断出准确数量的情况下，迅速开始行动，最后共筹措到 6.2 万户的建材。

实际上，缺少的并不是建材，而是临时住宅的建设用地。在地方政府难以确保建设用地之际，不等临时住宅完工就入住民间租赁住宅的人开始出现。厚生劳动省认可了地方政府将那些民间租赁住宅视为"临时住宅"的做法，导致入住民间租赁住宅的人越来越多，临时住宅的需求降至约 4.3 万户。

我在 2004—2009 年担任预制装配式建筑协会会长期间，几乎每年都会为灾害的发生而采取行动，大多是建设临时住宅。为了能够灵活应对灾害，我向大畠国交大臣提出"建立由国家储备临时住宅建筑材料的机制"的请求。大畠国交大臣离职后，我又向前原诚司政策调查会长（当时的职务）提出了同样的请求。

临时住宅每户的预算与阪神淡路大地震时相同，按照确定好的规格进行建设。东日本大地震的受灾地区比关西冷得多。虽说设计时考虑到了寒冷地区的实际情况，但到了冬天，有些地方还是需要追加保温隔热工程。为了受灾群众，我们全力抢工期。正如石桥信夫老板所言，速度就是最好的服务。

2011 年 5 月，我聆听了东京大学高龄社会综合研究机构提出的新创意，即，将南北方向布局的两栋临时住宅内玄关相对，中间用带屋顶的木质露台连接，打造"社区关怀型临时住宅"。这样一来，入住者就能与左邻右舍亲近起来，可以防止出现阪神淡路大地震临时住宅独居老人孤独死的悲剧。在面向受灾群众的问卷调查中，很多人表示"想住进这样的临时住宅"。

然而，决定临时住宅布局的是县级①政府。为了让每家每户都能享受同等的采光条件，一般要将玄关朝北，每栋楼东西方向平行布局。于是，我提出建议："带着问卷调查结果与当地的市长见一面，拜托市长和

————————

① 相当于中国的省级。

县里进行交涉怎么样?"

东京大学的研究人员向岩手县釜石市的野田武则市长讲了他们的想法后,市长当即决定"作为示范项目推进",并当场给岩手县负责该业务的部门打了电话,经过沟通,提案最终被采纳。该县远野市也建有同款临时住宅。不管有多少规定,让实际住在那里的人住得高兴才是最重要的。

我在东日本大地震受灾地区的临时住宅建筑工地指导工作
(右数第三个)

很多受灾群众都失去了家人和自己的家。那些还没还清房贷的人恐怕非常焦虑不安吧。国家应该为大家展示"乌托邦（理想国）"的蓝图，让受灾群众对未来抱有梦想。

关于乌托邦构想，我们有很多事情可以做。我把自己的想法总结如下：受灾群众在临时住宅中辛苦度日的 4 年间，应将国有土地中的山和高地划为特区，用来建设大规模住宅区。将电线埋于地下，在没有电线杆的街区，建设小学、中学和养老院等设施，打造男女老少共同生活的街区。被海啸袭击的沿海地区原则上打造成绿地，部分地区可作为渔业货运站，助力渔业复兴，等等。

第七章 向着梦想前进

和"运气好的人"交往

2005 年 3 月，我就任大阪商工会议所的副会长。当时的野村明雄会长（现任大阪燃气顾问）问我是否愿意做副会长，我想"作为一家在大阪土生土长的企业，必须知恩图报"，所以就接受了。

之后，也有人表示支持我接任野村先生，成为下一任会长。然而，我从 2009 年开始担任住宅生产团体联合会的会长。住团联是石桥信夫老板和住宅行业的首脑们共同用心设立的组织，对我而言是一个特别的团体。如果兼任两个团体的会长，一旦活动时间重合，就不得不放弃其中一个。我想："如果优先参加大商的活动，就会对住宅行业有所怠慢；如果选择住团联，就显得轻视了大商的中小企业会员。"经过慎重的考虑，我郑重地回绝了接任大商会长的邀请。

几乎和我以交错形式卸任副会长的是 KANEKA 的古田武顾问（当时的职务）。他毕业于关西学院大学经济学部，对同校法学部毕业的我非常照顾。他曾重振 KANEKA 的纤维事业，从他的事迹中，我学到了很多。夏普的町田胜彦顾问和我一样，是现任副会长。他关于太阳能发电等高科技的讲话总能给我很多启迪。夏普的堺工厂内，用于办公的公司事务所大楼也是大和房屋集团建造的，对我们来说，夏普是非常重要的客户。

大概在 2007 年初，在新干线名古屋站站台的吸烟角，我偶遇了住友金属工业（现在的新日铁住金）的下妻博会长（当时的职务）。那段时间，很多报纸都在报道他即将就任关西经济联合会会长的消息，因此我对下妻先生说："差不多就接受了吧？"他说："我不擅长那种强势的角色，不太符合我的性格。"尽管如此，没过多久，由下妻先生就任关经联会长的事情还是确定下来。或许是我当时说的话推了他一把。我在电话里说："你终于接受了啊！"顶着住友的头衔，可能想推也推不掉吧。

我在总公司资材部担任科长时，便与下妻先生结识。他比我大一岁，当时是卖家，而我是买家。我们俩出奇地投缘。我们都不喜欢说漂亮的场面话，只说自己想说的话。我们都很爱抽烟，手里离不开烟，但却喝不了酒。我们的友谊长达40多年，每次聚餐时，不喝酒我们总能畅聊3个小时左右。

2001年8月，我母亲去世时，采用了非公开的葬礼的方式。几天后，报纸刊登了此事。送来的奠仪我都拒收了。然而，下妻先生还是送来了奠仪。我跟他说"我不能收"，他却坚持道："咱们这么久的交情，别说这种客套话。"最后，我只好收下了下妻先生送来的奠仪。

我与担任关经联副会长以及大金工业会长的井上礼之先生关系也非常好。井上先生接任了老板家族的山田稔先生的职位，成为社长，通过在全球开展空调事业，大幅提高了公司业绩。虽然大和房屋工业的住宅实现了工业化，但是现场施工作业还有很多是需要人手的。空调是工业制成品，说得极端一点，是可以全面交给代理店的。我非常羡慕井上先生。于是，我要求研发部门大力发展新技术，开发一些无需人力的工业制成品。

石桥老板曾说："要和运气好的人交往。"我真的认识了许多非常优秀的人。和这些优秀人士结下深厚情谊的我是世界上最幸运的人。

与时任住友金属工业会长下妻博先生（右）的合影

保持战士的体魄

　　我泡澡的时候，一定会看镜子。过了 70 岁，胸部的肌肉似乎瘪了一些。我想："这不是战士的体魄，缺乏战斗心的时候，就是退出一线的时候。"于是开始认真锻炼肌肉。直到现在，我还在坚持锻炼。家里准备了两个 6 千克的哑铃，我经常把它们拿在手上，前后左右摆动 15—20 分钟，然后开始做蹲起。我还使用当下流行的"深呼吸减肥法"，通过缓慢而深长的呼吸，促进代谢，保持良好的体魄。

　　我还有一个用橡胶做成的器械，和拉力器一样，拉伸它，就可以锻炼肌肉。我去出差的时候也会带上它。我几乎不能喝酒，所以经常以乌龙茶代酒。如果真要喝酒，会兑一下，烧酒占一成，热水占九成，里面放上梅干和海带，这种调好的酒，我也只喝一杯，所以一般晚上九点半就能结束聚餐。如果聚完餐还打算去KTV，我会让大家把聚餐开始的时间调早一点，最后还是九点半结束活动。之后，我会在家里或酒店的房间里锻炼肌肉。浑身暴汗之后，冲个澡，非常痛快，心情也焕然一新。

休息日如果有时间，我会花一个小时或一个半小时的时间散步，不过大多是和别人一起去打高尔夫。在高尔夫球场，我不坐代步车，尽量步行来回。夏天，大家都点啤酒的时候，只有我选择宇治抹茶牛乳红豆冰。虽然热量爆棚，但是因为我会出汗，所以体重可以很快减掉两千克。

我开始打高尔夫是在31岁，担任采购科代理科长的时候。开始的契机是，客户对我说的一句话"高尔夫球这种程度的运动必须会"。第一次去球场的时候，在那里学到了很多礼仪。我没有坐代步车，只拿着三根球杆，一个劲儿地跑来跑去。球杆的挥法也不太懂。从小擅长运动的我，当时竟打出161的成绩，真是奇耻大辱。

我很不甘心，于是每周工作结束后，就带一根五号铁杆，去大阪难波的高尔夫球场练习一两次。当时，旁边的大阪球场就是职业棒球南海鹰队的大本营。到达练习场地后，我会站在高手后面，仔细观察他的打法，默默记在心里。在模仿别人的过程中，我逐渐形成了自己的挥杆手法。每次我都会用能把土挖出来的力度，使劲儿击打地面，打 200 个球。不久后，我打出的球甚至飞到了练习场地最里面挂着 185 码标识的地方。很快，五号铁杆的杆头就断了。

在家里，我会使用乒乓球练习沙坑杆。一遍又一遍地重复练习上杆的时机、下杆的时机，以及整体挥杆节奏。最后我把地板上铺着的地毯都磨破了。

我的黄金时期是 57 岁的时候，那是我就任大和团地社长的第 3 年。我参加了一所大型高尔夫球场的理事长杯比赛，并一路闯进决赛。一看参赛者名单，全部都是个体经营者。虽然我的职位也是社长，但只有我是给别人打工的。我用力挥动一号木杆，球便不断向上飞出。状态极佳！再差一点就能拿下冠军了。我一想"可以在高尔夫球场的牌子上青史留名"，手头便失去控制。成绩一下子被打乱，最终与冠军失之交臂。人一旦变得贪婪，就没什么好事。

石桥信夫老板也非常喜欢打高尔夫。他曾开心地念叨"不知道选哪个推杆""拿下击远比赛"之类的话，还对我说："樋口君，你高尔夫打得不错啊。"不过，我并没有和老板一起打过高尔夫。曾经有一个机会，老板的秘书问我："这周日您有时间吗？"据说是和老板一起打球的人中缺了一个，所以叫了我。然而，遗憾的是，我已有其他安排，所以没能和老板留下共打十八洞的美好回忆。

高尔夫为我的人生赋彩

奈良市有一个名叫"奈良国际高尔夫俱乐部"的著名俱乐部。大和房屋工业是法人会员，当时留的是老板的名字。在大和团地扭亏为盈的时候，老板对我说："把会员的名字改成你吧。"我没有立刻着手，直到老板对我提了3次之后，我才真正考虑变更。后来，老板还在董事会上问我："名字改了吗？"我回答："目前正在办手续。"过了一阵儿，老板又来催问："名字已经改好了吗？"这时我才终于将名字改为自己。在之后的董事会上，我为此向老板致谢，他非常高兴。

说起高尔夫的技术水平，我60岁时差点保持10以内，一直维持到69岁，不过，最后的两三年感觉已经没有10以内水平的体力了。迎来70岁大关那一年，我的差点变成 10，半年后变成 11，又过了半年，变成 13，再过半年，又变成 15，这个水平一直保持到现在。现在我也可以用一号木杆打出 200 码以上的成绩。如果是模拟高尔夫，可以打到 250 码。虽说 1938 年出生的我一大把年纪，能打到这种程度已经非常不错，但是我并不满足于现状。

听说打高尔夫时，击球的瞬间，如果咬紧牙关，肌肉力量会增加 5%—10%，咬牙对运动能力也有着很大影响。幸运的是，我的牙都是自己的，牙神经坏死的牙齿只有两颗。工作一忙，我就懒得去看牙医，牙痛时，常常嚼一把盐，忍耐一段时间，时间一长牙神经就坏死了。尽管如此，我还是不用装假牙，感谢父母给予我如此坚固的牙齿。

2012 年 3 月，大和房屋工业与女子高尔夫职业运动员大山志保签约，对其进行赞助。2006 年她多次获奖，成为奖金女王。她曾受过非常严重的伤，但坚强地战胜病痛，东山再起，这种积极向上的品质使我非常感动。她不忘父母为自己打开高尔夫职业运动员道路的恩情，盖了房子，向父母报恩。这所房屋能由大和房屋工业来建，我感到非常荣幸。

大山职业球手在 2012 年 10 月的"富士通女子赛"中，以落后于第一名 5 杆、并列第 8 名的成绩进入最后一天的比赛，观众们都给予她大力的支持。最后，她以总计低于标准杆 6 杆的成绩，挤进前三名，并列第三，展现了顽强拼搏的飒爽英姿。在后一周的"GC 女子大师赛"中，最后一天她打出 67 杆的最佳成绩，最终名次为并列第 12 名。虽然很遗憾没能获得 2013 年赛季的参赛资格，但我还是非常期待她重整旗鼓的那一天。

2006 年 12 月，经爱和谊保险（现在的爱和谊日生同和保险）的濑下明会长（当时的职务）协调，我前往佛罗里达的"退休之家"进行考察。美国富裕阶层的老年生活非常有意思。爱和谊保险是大和房屋工业的大股东之一，在我就任大和房屋工业的社长后，我每年都会去向他们做公司的决算报告说明。濑下先生特别有趣，我们刚认识时就非常聊得来。每次报告结束后，我们也会畅谈很多话题，一起去的账务部长经常因为我们的谈话笑得前仰后合。2012 年，在每日经济人奖（由每日新闻社主办）的颁奖典礼上，濑下先生还为我致了温暖的祝词。

根据濑下先生的安排，我在前往佛罗里达的途中，顺道去了名人赛的举办地佐治亚州奥古斯塔。

到达当地已是傍晚时分。穿过宽阔的道路，走进茂密的树林，一片牧场被晚霞染得通红。如此美景，不禁令我心驰神往，旅途的疲惫一扫而光。我还有幸住在俱乐部里的"奥古斯塔斯蒂芬木屋"，但激动得一晚上都没睡着。第二天，我在奥古斯塔国家高尔夫俱乐部打了高尔夫。

后来，2012年我又前往正在举办美国高尔夫名人赛的奥古斯塔。这次我从成田机场出发，先到芝加哥，然后从亚特兰大换乘其他飞机，直接飞往奥古斯塔。经过长途跋涉，我亲眼看到了一直憧憬的名人赛决赛现场，然后住在附近的酒店。第二天，球场上还留着职业球手激烈奋战的痕迹，我来到这里，打了高尔夫。虽然是第二次在这里打球，但我还是感觉这个场地精妙绝伦，无比震撼，今后还想来无数次。在职业球手的高难度场地，我竟然打出了96的成绩。

高尔夫球这项运动，为我的人生带来了太多的色彩！第一次邀请我去打高尔夫的客户不仅教我打法，还认真地告诉我礼仪。最近，看到很多人不懂礼仪，我愈发感谢当初教授我礼仪的朋友。

摄于奥古斯塔国家高尔夫俱乐部

（右数第二个是我）

投身对社会有益的事业

　　访问奥古斯塔，考察"退休之家"时，我惊讶地发现，那里的老年人都过着朝气蓬勃的生活。他们跨上运动自行车骑行的样子，从身后看跟年轻人没什么两样。老年女性表演了一段精彩的踢踏舞，令人惊叹不已。这里可谓是老年设施的模范样例之一。

　　听说在这里生活的很多老年人死后都把自己的遗产捐赠给这里。他们一定在这里开心而满意地度过了自己的晚年时光。大和房屋工业的子公司寿惠会在静冈县热海市经营着一家名叫"Neo Summit 汤河原"的护理型收费养老院，在那里居住的老人死后也常常把遗产捐给养老院。养老院将那些捐款用于建筑物的翻修或公共区域大型电视机的采购等，以此回应已逝老人的遗愿。

2012 年 6 月，我们收购了东京电力从事护理事业的子公司——东电 Life Support（现在的 Daiwa House Life Support）。该公司成立于 2000 年，在东京都内和横滨市运营着 3 家名叫"枞树"的收费养老院。这次收购的最大目的就是学习他们的经营秘诀。2012 年 11 月，寿惠会又在神奈川县的茅崎市开设了一家集环保、防灾、健康于一体的名叫"Neo Summit 茅崎"的收费养老院。

我们从 20 世纪 80 年代后期开始真正涉足医疗养老护理设施的建设。截至 2012 年 9 月末，共完成 3400 个施工项目，累计营业收入超过 5000 亿日元。其规模可与大型综合建筑公司比肩，我感到非常骄傲。我们将服务型老年人宜居住宅、收费养老院，以及医院等设施的运营和建设作为一项事业领域，提供从老年人的居家到介护养老设施服务的一条龙式的全方位服务"菜单"。

日本的老龄化率（65 岁以上人口占总人口的比例）1970 年时仅为 7%，2005 年便达到 20.2%，正在以 35 年增长两倍的速度迅猛发展。与其说是老龄化社会，不如说是正朝着超级老龄化社会一路"突飞猛进"。可能很多人认为老龄化是山区、农村等人口稀疏地区的问题，然而今后在大城市，老龄化也一定会成为严重的社会问题。

调查显示，东京圈 2005 年的老龄化率是 17.5%，2035 年将升至 32.2%；岛根县的老龄化率将由 27.1% 升至 37.3%。然而，从 65 岁以上老年人口的实际数量来看，东京圈会增长 75.7%，岛根县仅会增长 2.6%。也就是说，东京圈如果想维持现在的福祉水平，养老院等介护设施的数量必须增长 75%。岛根县的老年人口与 2005 年基本持平，因此基本不需要增加相关设施。

在大城市，因为老年人口增加，总人口并不减少，所以维持行政服务的财政需求和现在不会有什么变化。另一方面，承担大部分纳税任务的适龄劳动人口会减少。在此背景下，建设护理设施时，必须想方设法在不降低服务品质的同时，减少建筑和运营等成本。这项极有难度的挑战，令我燃起了斗志。

超级老龄化时代的医疗、养老护理服务需求将会在城市不断增加。我们收购东电的子公司，一个很大的原因就是他们已经在首都圈开展了事业。石桥老板认为开启一项新事业的判断标准是"不看做什么能赚钱，要看做什么能对社会有益，能给人们带来喜悦"，然后一定会加上一句"因为企业是社会公器"。医疗养老护理领域的事业毫无疑问是对社会"有益"的。从"有益"事业的上游到下游，我们将提供一条龙式的服务。

M&A 总是基于共赢关系

初创时期的大和房屋工业还做过大型综合建筑公司的分包。当时应该受了很多苦，不然石桥信夫老板也不会说："希望将来能成为综合建筑公司的甲方。"我们以老板这句话为目标，团结一心，努力奋斗。截至2013年3月，本年度营业收入的公布预测数值是1.97万亿日元，不过我们的目标是超过它，成为住宅建筑商首家营业收入达到2万亿日元的企业。如今，无论是营业收入，还是股价，我们都超过了大型综合建筑公司。

在公司发展的过程中，大家提出了很多合并、收购项目。不仅有公司多元化发展领域的项目，还有收购住宅建筑商的构想，但是我都否决了。创始人是同一人的大和房屋工业和大和团地，当时的合并就已经非常艰难了，更何况是竞争对手，合并肯定难上加难。巨人职业棒球队的长岛选手和王选手是竞争对手，因为他们的竞争关系，团队整体的积极性都被调动起来。好的竞争对手可以使我们变得更加强大。因此，收购竞争对手绝不是正确的选择。

别墅领域，我们业界第一的位置被竞争对手夺去，至今还没夺回来。别墅市场上，我们不仅在首都圈实力薄弱，其他地方也只排在第二名或第三名以下。然而，夺回第一名是老板下的死令。我们必须勇于挑战，努力夺取第一。

2012 年 8 月，我们决定收购实力雄厚的综合建筑公司 Fujita，收购金额约为 500 亿日元。Fujita 的海外事业营业收入达 400 亿日元，其规模在综合建筑公司当中，仅次于鹿岛等超级综合建筑公司。大和房屋集团为了实现营业收入 10 万亿日元的远大目标，正在着力推进海外项目：最近正在着手越南工业园区建设项目，2013 年准备参与印度尼西亚工业园区的开发项目。

从日本，无法解决所有海外问题。海外事业必须与当地的政治体制、经济环境、人脉关系相适应。我们从 2011 年开始寻找合作伙伴，在东南亚拥有丰富业绩的

Fujita 成为我眼中的最佳合作伙伴。我在 2012 年初，将其列为候选。经过详细的资产核定之后，我们用半年时间，就敲定了合作事宜。2013 年 1 月，藤田成为大和房屋集团的一员。经营靠的就是速度。

大和房屋工业所做的合并、收购的项目都是按照石桥信夫老板所规定的做法推进的。老板经过艰苦卓绝的努力，让企业实现了发展。他曾说："我特别讨厌那种把钞票往对方脸上砸的合并、收购。"老板说的这句话，我至今铭记于心。老板严厉禁止靠资金优势收买对方的行为。因此，只有在对方或客户也能够欣然接受，并形成共赢关系的情况下，我们才会采取行动。

服装可以反映很多信息

父亲曾教导我:"人要看脚。"意思是说,如果一个人穿的鞋不干净,那就说明这个人不修边幅。我谨记父亲所说的话,全身上下,只有鞋一定会选质量好的。在福冈担任分店长期间,去其他公司拜访时,我突然注意到对方都穿着笔挺的西服。而我除了鞋,其他服饰都输得一塌糊涂。

于是,我买下几套西服,开始换着穿了起来,领带也选了上等货。有一次被夸"领带很不错",我想"原来被注意到了"。这就说明,对方会默默地根据我的服装,判断我们公司的规格。

从服装可以看出很多事情。老板曾经提醒我:"有人会占公司的便宜,如果下属突然换上了名贵的腰带、手表等服饰,就得小心了。"

因为有很多面向投资者的宣传活动，所以去国外出差的机会越来越多，我也更加注意起自己的着装。有一次我系上刚买的某品牌领带，就和同行的证券公司人士聊起了品牌的话题。他给我推荐的品牌是"Dominique France"。该品牌 1993 年创立，采用的不是印花花纹和刺绣，而是用提花工艺织出的复杂图案。老板曾送我一条该品牌的领带，我还做了几套该品牌的西服。这样一来，最近的服饰全都是这个牌子了。除此之外，我选择布莱奥尼或爱马仕的服饰比较多。

　　工作疲惫之时，每每看到领带上漂亮的花纹，就会得到治愈。2009 年 1 月，我荣获《财界》杂志的经营者奖。老板在 1993 年也获得过该奖，真是感慨万千。我系着老板送的"Dominique France"领带出席了颁奖典礼。那个时候，我感到老板不仅在为我高兴，也在勒着我的脖子，大声激励我要加倍努力。

　　西服光滑的触感缓解了我紧张的心情。最近，我常穿意大利"铁狮东尼"品牌的鞋。以前我都是自己擦皮鞋，最近妻子会为我把鞋擦得锃亮。思考西服、领带、鞋的整体穿搭，是一个非常有意思的过程。

我系着老板送的领带，出席经营者奖的颁奖典礼

摄于大阪总公司大楼的会长办公室

阪神老虎棒球队和我

　　去国外出差的一大乐趣是美食。去纽约出差，我会去有名的牛排餐厅"Peter Luger"，点上1磅西冷牛排，吃个精光，再来一大份巧克力巴菲当作甜点。虽然店里总是很挤，但是食物真的非常美味。我对面的顾客可能会想，这位个头不高的日本人，从肉到甜点，竟然一瞬间就吃完了这么多。意大利裔的服务员在一旁看得目瞪口呆。之前生病，胆囊做了手术，所以医生对我说："以后不能吃肉了。"但是现在看来，一点影响也没有。牛肉、猪肉、鸡肉，都放马过来吧。

　　早餐我会吃一根香蕉，外加一份芦荟酸奶，里面会放入发芽玄米的营养剂。午餐我会吃蔬菜沙拉、加入营养剂的无糖酸奶、和果子，再喝一杯咖啡。晚上主要吃肉。

五年来，我进行了 183 次演讲。在兵库县西胁市演讲的时候，阪神老虎棒球队的退役运动员会会长、棒球解说员川藤幸三先生前来聆听了我的演讲。我从小就是阪神虎的忠实粉丝，和川藤先生也认识。看到川藤先生，我说："您不用特意现在来听我演讲吧。"然而，先生却对我说："今天我是以开田建设社长的名义过来的。"

1967 年，川藤先生在选秀会中以第 9 名的成绩加入阪神老虎棒球队，当时是一名游击手。1974 年跟腱断裂之后，作为王牌替补队员大显身手。1985 年为阪神老虎夺得日本第一做出了贡献。2005 年，川藤先生继承了妻子家经营的建筑公司。在我谈起石桥老板的话和经营方式时，他总是听得特别认真。

2009 年，我们成为"Billboard Live"音乐厅官方赞助商。当时，阪神老虎前任老板宫崎恒彰先生担任运营公司的顾问，前来说服了我。

我不仅在甲子园球场看过阪神老虎的比赛，还和前外野手金本知宪等人聚过餐。听到自己最爱的棒球话题，我感到无比幸福。承蒙这份缘分，久保田智之投手、福原忍投手、退役的矢野耀大前捕手委托我们为其建造住宅，真是感激不尽。

　　每年，我都会提前给公车司机买报纸的钱，请他在阪神老虎获胜的第二天，从便利店或其他地方买一份DAILY SPORTS，再来家里接我。去东京出差的时候，我也会拜托司机在阪神老虎获胜的第二天，先去买一份体育报纸，然后再来接我。拿到那份体育报纸，看到一整面关于阪神老虎获胜的铅字报道，我感觉车里立刻亮了起来，非常神奇。

与阪神老虎棒球队前外野手金本知宪（右）的合影

进入赛季之前，我会一边列举教练和一军选手的名字，一边试着按照自己的想法排兵布阵，还会大胆选用二军中的年轻选手。乐天的星野仙一教练还在带领阪神老虎时，我对他说："一军和二军的投手，我能写出30个人的名字。""哇！"他感到非常吃惊。那真是一段快乐而激动人心的美好时光。

2012年2月，在大阪市内的酒店，我发起了阪神老虎坂井信也老板的激励会，为了给球队更多力量，经济界、学界、媒体等各个领域喜欢阪神老虎的猛虎党齐聚一堂。虽然我是发起人，但是大和房屋工业的客户当中，还有很多支持其他球队的。因此，我邀请日立造船的古川实会长兼社长担任激励会的会长。同样担任大阪商工会议所副会长的古川先生非常爽快地答应了我的请求。不过，他在致辞时说："实际上这是樋口先生组织的集会……"一下子把我"供"了出来。

我们还成为在甲子园球场召开的"阪神×巨人OB战"的赞助商。创造了两军一个时代的著名选手汇聚一堂的机会，这实属难得。然而，在比赛中，不仅出现了"江夏对王""江川对挂布"等曾经的著名对决，还出现了退役选手龟山努的前扑式滑垒、前外野手金本知宪痛快的本垒打。我想这场比赛对于现场的观众也好，对于电视机前观看比赛的观众也好，一定都是一场棒球盛宴。

2013年的春天开始，阪神老虎的冲绳春季一军营地宿舍换成了我们的子公司DAIWA RESORT经营的"冲绳残波岬皇家酒店"。酒店里面建有许多室内多功能运动设施。预计仅有关人员就能住下将近500人，应该还会有很多粉丝来住，真是可喜可贺。我无比期待即将到来的超强引流效果。球队前来驻扎的时候，我打算邀请球队的老板、社长、教练一同会餐，期待能在餐桌上听到他们关于未来的构想。

大和房屋集团于1978年开始涉足度假酒店领域，第一家度假酒店是能登皇家酒店，在能登开启这项事业时，石桥老板说的第一句话是"早就该成立的"。因为当今时代，阪急电铁创始人小林一三先生的复合经营模式已经不再适用。小林一三先生的复合经营模式是指果断买下大片土地，铺上铁道之后，销售沿线土地的做法。

于是，老板低价收购了大片风光秀丽、交通不太方便的土地。不仅在那里建造了住宿设施，还赋予多种功能，带动了当地的就业。然后在周边建造别墅，进行销售。原始资金是通过销售会员资格获得的。为了丰富酒店旅客和别墅居民的生活，不仅设置了高档的餐厅，而且配备了居酒屋、大阪烧店、KTV 等餐饮娱乐设施，使其具备了繁华街区的多种功能。

另外，我们还在这里招待把自己的土地托付给大和房屋工业开发运用管理的土地业主。

冲绳残波岬皇家酒店

不是要成为伟大的人，而是要成为优秀的人

2013 年 4 月，我就 75 岁了。通过社招进入大和房屋工业已经 49 年有余。虽然没能实现自己创立公司，成为社长，让公司上市的梦想，但我以另一种形式，实现了成为上市企业总裁的梦想。

平凡的人要想做出非凡的事，唯一的方法就是前面提到的"凡事彻底"。4 年前，我给全国的分店、工厂、集团各公司分发了写有这 4 个大字的海报。听说皇家酒店有一个工作人员每天早上都会对着海报说"早上好"。我重新看了一眼海报，吓了一跳。照片上的我坐在椅子上，跷着二郎腿。我立刻让人换成我站得笔直的照片，重新印刷。虽然我告诫大家"不是要成为伟大的人，而是要成为优秀的人"，自己却没能完全做到位。

虽然前面围绕企业"作风硬朗"方面讲了很多，

但是公司里还有很多温柔的前辈。我在总公司的采购部工作时，安藤贞一专务（当时的职务）得知我没有举办婚礼之后，为我预约了大阪心斋桥的照相馆，并为我提供了拍摄照片的费用。他被称为"菩萨安藤"，备受敬仰。我仿佛真的看到了他身后闪烁的佛光。

2006 年，我就任大阪交响乐团协会（现在的一般社团法人大阪交响乐团）的理事长，这是前任理事长、三洋电机的井植敏前会长对我提出的请求。三洋创始人井植岁男先生曾经给予石桥信夫老板诸多关照，因此我欣然接受，并在总公司 2 楼策划了由大阪交响乐团演奏的大厅音乐会。迄今为止，一共在总公司举办了 6 场。2006 年第一次演奏进行曲时，我登上指挥台挥起了指挥棒。因为曾有很多关于石桥老板经营方式和理念的演讲机会，所以我原以为自己不会怯场，但没想到仅仅把麦克风换成指挥棒，我就变得这么紧张。

我们对美术展和音乐会的赞助也有所增加。当记者询问赞助金额时，我回答："文化艺术是无法用金钱衡量的。"

我们曾对维也纳爱乐乐团的来日演出给予特别赞

助，由此获得了访问奥地利的机会。他们带我参观了维也纳国家歌剧院的后台和特别场所，为我展示了贝多芬用过的助听器。莫扎特6岁时写的乐谱一直被保管在地下用铁栅栏围着并锁起来的地方。因为有内部人员在场，所以我还看到了莫扎特的手迹。"作风硬朗"的企业也有了文化气息。

我一心扑在工作上，三个孩子的抚养任务完全交给了妻子征子。妻子每天都会给我做合口的饭菜。我非常喜欢吃咖喱，但还是家里的咖喱最好吃。家里做的咖喱稍微带点甜头，还放了很多我最喜欢的肉。妻子没生过大病，一直支持着我的工作。2013年我们迎来金婚纪念日，我正在思考如何向妻子表达我的感激之情。

长女由美已经结婚，生了两个男孩。老大叫贤一，2013年4月即将上高中一年级；老二叫和久，即将上初中二年级。在公司被称为"魔鬼"的我，在两个外孙面前是一个温柔和善、有求必应的外公。只要外孙一闹，我什么都会给他们买。

长子荣治是上班族，每天辛勤工作，过着充实的生活。二女儿文代出生时，我"啧"地咂了咂嘴，结果被护士训了一顿。因为那时我还想要一个儿子。不过，现在还是和二女儿住在一起。每次去国外出差，女儿连行李都会帮我装好。我会带妻子和女儿一两个月出门采购一次。不过，作为司机的我只在咖啡店里等她们。

我们每年正月都会进行家庭旅行。2012 年我们的队伍很大，11 人一同出游。我们坐九州新干线前往鹿儿岛，游览了今和泉岛津家别邸遗迹、指宿的砂蒸温泉等，玩得特别开心。作为工作狂的我，做梦也没想到会有这样的幸福时刻。2013 年，还是同样的队伍，我们一起前往冲绳旅行，度过了安心而美好的时光。

小学同学聚会聊天时，我发现很多事都已经忘记了。朋友笑着说："樋口还没退休，思考的是未来，没有时间回顾过去。"老板说："在创业 100 周年之际，打造一个营业收入达到 10 万亿日元的企业集团，这是我的梦想。"我只想为这个梦想不断铺路，持续前进。我还想在人才培养上倾注更多的力量。未来一段时间，我的"努力奋进"人生还将持续下去。我的目标不是让企业"活下来"，而是让企业"不断走向胜利"。

2012 年正月，全家人一起去鹿儿岛旅行

在冲绳旅行时，与妻子的合影

结　语

　　我有三个父亲。亲生父亲樋口富太郎、在福冈担任分店长时关照我的资产家小田弥之亮老师，以及大和房屋工业创始人石桥信夫老板。这次，在为《日本经济新闻》"我的履历书"专栏执笔之际，回顾过往经历，我再次体会到自己收获的教导之多。正因为有这三位我真心尊敬的父亲，才有了今天的我。

　　每当我迷茫时，父亲总会为我指明前进的道路。小田老师将重要的工作交给年轻的我，最后甚至对我说："我把全部资产都托付给你，去创业吧。"虽然没能回应老师的心意，但老师给予我的极高评价，使我拥有了走好人生之路的强大信心。

关于我的恩师石桥老板，用再多的篇幅也写不完。老板生前要求"不要在公司举办葬礼"，因此在他去世时，我们选择了非公开的葬礼。虽说如此，还有关系密切的客户，以及交情深厚的珍贵友人，因此，我坚持道："不能什么都不办。"最后老板仅同意了在一周年忌日时举行告别仪式的请求。

2004年2月2日在奈良县的橿原皇家酒店，第二天2月3日在东京分公司举办了"已故石桥信夫追思会"，共有3200人参加。我们不能以惨淡的业绩来面对老板。因此，失去创始人这一巨大精神支柱后的一年，大家拼命工作。老板一定是预料到了这一点，才允许我们为他举行告别会的。围棋和象棋的高手，一般会预测接下来的几十步，然后才走一步，同样，老板也是洞察未来，然后下达指示。直到最后的最后，都尽是考验。老板真是一位严厉的师父。尽管如此，我们仍然对他仰慕不已，这是因为在老板的内心深处对我们有着深沉的爱。

前几天，我与结束了21年运动生涯的阪神老虎棒球队前外野手金本知宪一起用了餐。金本先生1492场比赛打满全场，连续1002打席没有被双杀，第四棒先发击球手出场的 880 场比赛中有 3 个项目史上第一、连续出赛 1766 场，创造了史上第二的辉煌纪录。结果这位"平成铁人"开口第一句话说的却是"再多练习一下就好了"。

能让身强体壮的金本先生说出这种话的，是广岛鲤鱼队已故的三村敏之教练（当时的职务）。三村先生在二军工作了 2 年，在一军工作了 5 年，管教极其严厉，金本先生好几次都在心里大骂"混蛋"。尽管如此，他也不忘教练的恩情，他说："和三村先生一起度过的 7 年，支撑了我漫长的运动生涯。"回顾迄今为止的人生，我深刻体会到"没有白费的努力""努力不会说谎"，听了超一流运动员金本先生的话，我更加坚定了这种想法。

三村先生于 2009 年 11 月去世。在告别仪式上，金本先生致悼词，他说三村先生辞去教练一职后，曾对他说："你跟了我这么久，不容易啊，过去很多事情对不住了。不过，我觉得这种做法是最有利于你成长的。"说到这里，他放声大哭。这就是师徒之间流淌的爱。虽然没有说出口，但石桥老板在背后也流露出同样的心情。

在山口和福冈担任分店长的时候，因为年轻气盛，我也曾选择过蛮横的做法，但没有一次是由于恨部下才这么做。只是我未能学会像老板那样，巧妙地给下属施加考验。好在下属们都理解了我的用意，离职后也时常来看我，还给我寄来高尔夫邀请函。营业收入即将达到2万亿日元，是优秀的前辈、同事、伙伴、员工与我风雨同舟，共同努力的结果。我们距离创业100周年时营业收入达到10万亿日元的目标还很遥远。首先，我们要在2015年度，也就是创业60周年时，实现营业收入达到2.5万亿日元的目标。

在"我的履历书"专栏连载期间，我收到了很多来信。大多是关于因患不治之症而离开人世的我弟弟的事情。当我写到因为不得不看护正值壮年的弟弟，而感到非常痛苦时，日本全国各地有着相同经历的人纷纷来信，给我鼓励，使我的内心得到了极大的救赎。还有人咨询那位为我解除长年腰痛的东洋医学名医。腰痛反复发作的烦恼只有患过病的人才知道。然而遗憾的是，这位医生工作繁忙，已无暇接待新的患者，所以没能介绍给大家，敬请谅解。

父亲富太郎和母亲薰给了我健康的身体，把我抚养长大。祖母霜严厉而又满怀深情地教导我为人之道和生存之法。从钢铁商社跳槽到大和房屋工业时，妻子征子一句怨言都没有，一直是最理解我的人。她一直支持着我，守护着家庭，把孩子们培养得很优秀。因此，对于妻子，我真的感激不尽。

每年一次的同学聚会上，只要和杭濑小学的同学见面，我这个工作狂瞬间就变回了捣蛋鬼，和大家一起玩，开心得不得了。在我的人生中，给予我支持和指导的人真的太多太多了。我感到非常幸福。再次向所有人表示衷心的感谢。

本书是在2012年3月《日本经济新闻》"我的履历书"专栏刊登原稿的基础上，经过修改后整理成的单行本。在此，我向报纸连载时承蒙关照的日本经济新闻社大阪总社经济部的各位老师，为图书出版而尽心尽力的日本经济新闻出版社的各位老师，以及帮忙搜集照片、核对原稿和资料的大和房屋工业工作人员，致以崇高的谢意。

2013 年 2 月

樋口武男

经营心得

六条判断标准

对照以下六条判断标准，如果全部符合，就应该果断采取行动。

① 对客户有益

② 对公司有益

③ 对员工有益

④ 对股东有益

⑤ 对社会有益

⑥ 对将来有益

四条领导者品质

发挥优秀领导能力必不可少的品质。

① 公平公正

② 无　私

③ 雄　心

④ 使命感

管理者的四种能力

必须通过自我钻研来磨炼的能力。

① 洞察力

② 领导力

③ 判断力

④ 人格力

磨炼人格力的五个要点

① 忘记自身利益，思考公司利益

② 对于不好的事实和信息不加隐瞒，如实汇报

③ 勇于提意见

④ 工作不分你我抢着干

⑤ 决策即从，命令即行

成功者的十二条·失败者的十二条

成功者

① 不断追求自我成长

② 拥有自信和自尊

③ 始终以明确的目标为导向

④ 希望给别人带来幸福

⑤ 自我训练，养成良好习惯

⑥ 从失败中汲取成功经验

⑦ 全力以赴

⑧ 坚持自我投资

⑨ 笃信事尽可成，积极行动

⑩ 有效利用时间

⑪ 思考可行的办法

⑫ 不断挑战

失败者

① 甘于现状，逃避现实

② 满是抱怨和借口

③ 目标不明确

④ 害怕自己受伤

⑤ 随心所欲，短视

⑥ 畏惧失败，裹足不前

⑦ 不停地拖延

⑧ 半途而废

⑨ 疑神疑鬼，不敢行动

⑩ 不主动创造时间

⑪ 先提出做不到的理由

⑫ 常认为不可能、做不到

樋口武男的年谱

公历	年龄	主要事件 （○是笔者相关的事件， ·是公司相关的事件）	社会事件
1938 年		○出生于兵库县尼崎市。	
1945 年	7 岁	○进入尼崎市杭濑国民学校（现在的尼崎市立杭濑小学）。	雅尔塔会议在苏联召开。
1951 年	13 岁	○进入尼崎市立小田南中学。 ○祖母霜逝世（享年 72 岁）。	第一届 NHK 红白歌会广播播出。
1954 年	16 岁	○进入兵库县立尼崎高中。	防卫厅设置法、自卫队法颁布。
1955 年	17 岁	·大和房屋工业创立。 ·发售创业产品"钢管结构房屋"。	日本正式加入《关税及贸易总协定》（GATT）。

公历	年龄	主要事件 （○是笔者相关的事件， ·是公司相关的事件）	社会事件
1957 年	19 岁	○进入关西学院大学法学部。 ·获得日本轻钢结构建筑协会的结构认定书，开拓日本真正的钢管结构建筑之路。	东京都的人口超过851 万人，名列世界第一。日本南极越冬队首次登陆南极大陆。
1959 年	21 岁	·发售预制装配式住宅的起点"小型房屋"。 ·设立大和工商（现在的 Daiwa Lease）、大和捆包（现在的 Daiwa Logistics）。	皇太子明仁亲王（今上天皇）成婚。伊势湾台风。
1960 年	22 岁	·东京分店建筑营业部商社科开始正式进军海外。	彩色电视开始正式播放。池田勇人首相发表"收入倍增计划"。
1961 年	23 岁	○关西学院大学法学部毕业。 ○入职大源。 ·设立日本首个正式的民营住宅开发商"大和团地（2001 年 4 月与大和房屋工业合并）"。 ·在大阪、名古屋、东京证券交易所第一部市场股票上市。	苏联宇航员加加林少校完成人类首次载人宇宙飞行。

公历	年龄	主要事件 （○是笔者相关的事件， ·是公司相关的事件）	社会事件
1962 年	24 岁	· 发售嵌板式预制装配式住宅"大和房屋A 型"。 · 大和团地开发出第 1 号住宅区"羽曳野 Neopolis"，附带住房贷款前身"住宅服务计划"发售。	古巴导弹危机
1963 年	25 岁	○与征子结婚。 ○从大源辞职。 ○入职大和房屋工业，隶属于总公司资材科。 · 与川崎制铁（现在的JFE 钢铁）共同将"大阪站前交通安全天桥"捐赠给大阪市。	肯尼迪总统被暗杀。
1965 年	27 岁	○进入总公司采购部采购科。 · 开设日本首个预制装配式住宅专业工厂（奈良工厂）。	政府决定实行中期经济计划。
1967 年	29 岁	○获得社长奖。	欧洲共同体成立。 东盟成立。

公历	年龄	主要事件 （○是笔者相关的事件， ·是公司相关的事件）	社会事件
1970 年	32 岁	○就任总公司资材部科长。	日本世界博览会（大阪世博会）举办。
1971 年	33 岁	○就任总公司住宅事业部营业部次长。	环境厅成立。
1973 年	35 岁	·营业收入突破 1000 亿日元（单体） ·正式涉足度假酒店事业领域，开发鹿部休闲村（北海道）。 ·开设奈良中央试验所，这是业界首个拥有实际房屋大小的全天候试验设施。	日元转变为浮动汇率制。 第一次石油危机爆发。
1974 年	36 岁	○就任山口分店的分店长。	尼克松总统因水门事件辞职。
1975 年	37 岁	·"鹿部乡村高尔夫俱乐部"开张。	
1976 年	38 岁	○就任福冈分店的分店长。 ·正式启动流通店铺事业。	因洛克希德事件，前首相田中角荣被捕。

公历	年龄	主要事件 （〇是笔者相关的事件， ·是公司相关的事件）	社会事件
1977 年	39 岁	·启动公寓事业。	王贞治选手创下全垒打新的世界纪录。
1978 年	40 岁	·能登皇家酒店（大和皇家酒店第 1 号店）开张。	新东京国际机场（现在的成田国际机场）投入使用。
1980 年	42 岁	·启动家居建材用品超市事业，第 1 号店奈良店开张。	两伊战争爆发。
1981 年	43 岁	〇就任东京分公司建筑事业部部长。	在华遗留孤儿首次来日。
1982 年	44 岁	·正式启动租赁住宅事业部。	500 日元硬币发行。
1983 年	45 岁	·出口、建造日本首个面向中国的正式住宅。 ·设立转宅便（搬家服务）（现在的 Daiwa Service）。	东京迪士尼乐园开园。 发生大韩航空坠机事件。
1984 年	46 岁	〇就任东京分公司特建事业部部长，6 月就任董事。 〇父亲富太郎逝世（享年 71 岁）。	发生格力高·森永事件。 洛杉矶奥运会举办。

公历	年龄	主要事件 （○是笔者相关的事件， ·是公司相关的事件）	社会事件
1986 年	48 岁	○就任特建事业部部长董事。	男女雇用机会均等法实施。 发生切尔诺贝利核电站事故。
1989	51 岁	○就任常务董事。 ·营业收入突破 5000 亿日元（单体）。 ·设立老年人研究所。	昭和天皇驾崩，明仁天皇继位，改年号为"平成"。 引入消费税（税率 3%）。 柏林墙倒塌。
1990 年	52 岁	·作为对提高工业化住宅等质量作出贡献的企业，荣获通商产业大臣表彰。	大阪市举办国际花与绿博览会（花之万博）。 东西德统一。
1991 年	53 岁	○就任专务董事。 ·创始人石桥信夫会长在《日本经济新闻》"我的履历书"专栏连载。 ○弟弟进去世（终年 49 岁）。	海湾战争爆发。
1993 年	55 岁	○就任大和团地常任顾问（4 月）、大和团地社长（6 月）。	日本职业足球联赛开幕。 皇太子德仁亲王成婚。

公历	年龄	主要事件 （○是笔者相关的事件， ·是公司相关的事件）	社会事件
1994 年	56 岁	·开设"大和房屋工业综合技术研究所"。	奥姆真理教发动松本沙林事件。 关西国际机场投入使用。
1995 年	57 岁	·大和团地扭亏为盈。 ·为了阪神淡路大地震灾区的恢复和振兴，提供应急临时住宅 1.47 万户。 ·在建筑行业第一个获得国际质量管理体系 ISO9001 认证。	发生阪神大地震。 发生地铁沙林毒气事件。 亚太经合组织第 3 次领导人非正式会议在大阪召开（首次在日本召开）。
1996 年	58 岁	·营业收入突破 1 万亿日元（单体）。 ·获得 ISO9002 认证（总公司生产采购总部、总公司采购部、工厂）。	小选举区比例代表并立制度实施后的首次选举，第 41 届众议院议员选举举行。
1999 年	61 岁	·大和房屋工业大阪大楼和东京大楼竣工。	欧盟 11 个成员国引入单一货币欧元。
2000 年	62 岁	○就任大和房屋工业兼职董事（兼任）。 ·大和团地恢复分红。 ·设立增改建事业部，正式启动房屋翻修事业。	新纸币 2000 日元发行。 第 26 届八国集团首脑会议（九州·冲绳峰会）召开。

公历	年龄	主要事件 （○是笔者相关的事件， ·是公司相关的事件）	社会事件
2001 年	63 岁	·大和房屋工业与大和团地合并。 ○就任大和房屋工业社长。 ○母亲薰去世（享年 83 岁）。 ·将董事任期由两年缩短为一年。 ·设置"社长信箱"，给总公司、总部的部门"瘦身"，精简组织架构，强化因地制宜的营业模式（将住宅事业在全国划分为 9 个地区）。	大阪市的日本环球影城开园。 美国发生"9·11"恐怖袭击事件。
2002 年	64 岁	○就任住宅生产振兴财团理事长。 ·废除事业部制。改为"分店长负责的经营体制"。	韩日世界杯由韩国和日本共同举办。

公历	年龄	主要事件 （○是笔者相关的事件， ·是公司相关的事件)	社会事件
2003 年	65 岁	·创始人石桥信夫顾问逝世（享年 81 岁)。 ·还清有息负债，处理 2100 亿日元的特殊损失。 ·全国 13 家工厂实现"零排放"。 ·引入"公司内部创业制度"。	伊拉克战争爆发。 阪神老虎棒球队赢得中央联盟冠军。
2004 年	66 岁	○就任代表取缔役会长兼 CEO。 ○就任预制装配式建筑协会会长。 ·制定《大和房屋集团企业伦理纲领》《大和房屋集团行动指针》。 ·将大阪第一酒店纳为子公司。 ·将家居建材用品超市事业分离出来另设子公司。	新潟县中越地震发生。 日本国内禽流感开始流行。

公历	年龄	主要事件 （○是笔者相关的事件， ·是公司相关的事件）	社会事件
2005 年	67 岁	○就任大阪商工会议所副会长。 ○受到国土交通大臣的表彰。 ·在创业 50 周年之际，制定了新的经营愿景和员工宪章。导入集团新标志"Endless Heart"。 ·引入一次性育儿补贴制度（出生时一次性支付 100 万日元的补贴）。 ·新设立分店长公开招聘培训制度、工种选择（FA）制度。 ·与 TOTO 共同开发、发售可以在家中进行健康检查的"智能厕所"。 ·制定第 1 次中期经营计划。 ·将日本体育设施运营（现在的健身俱乐部 NAS）纳为子公司。	爱知县举办世界博览会。

公历	年龄	主要事件（○是笔者相关的事件，·是公司相关的事件）	社会事件
2006 年	68 岁	○就任大阪交响乐团协会理事长。 ○就任日本物流系统协会关西支部运营委员长。 ·营业收入突破 1.5 万亿日元（合并） ·在中国大连开始建造公寓。 ·将集团 3 家上市公司，大和工商 Lease（现在的 Daiwa Lease）、Daiwa Rakuda Industry、Daiwa Logistics 实现经营合并。 ·大和房屋住宅投资法人上市。 ·时隔 25 年采用新结构工艺方法建成的独栋住宅产品 "xevo" 发售。 ·向 ELIIY Power 投资。	第 1 届世界棒球经典赛，日本夺冠。

公历	年龄	主要事件 （○是笔者相关的事件， ·是公司相关的事件）	社会事件
2007 年	69 岁	○就任柯尼卡美能达控股公司外部董事。 ○成为 JR 西日本变革推进会议委员。 ○《沸水经营　战胜大企业病》出版。 ·石桥信夫纪念馆开馆。 ·为了打造便于女性工作的职场，新设了 wave heart 推进室。 ·将 Eneserve 纳为子公司。 ·向 Cyberdyne 投资。 ·将度假酒店事业分离出来，另设子公司。	新潟县中越冲地震发生。
2008 年	70 岁	·设立机器人事业推进室。 ·制定第 2 次中期经营计划。 ·大和房屋私塾开讲。 ·与小田急建设（现在的大和小田急建设）形成资本业务合作关系。 ·将 Morimoto Asset Management（现在的 Daiwa House Asset Management）纳为子公司。	第 34 届八国集团首脑会议（北海道·洞爷湖峰会）召开。 以雷曼兄弟破产为导火索，世界深陷金融危机。

公历	年龄	主要事件 （〇是笔者相关的事件， ·是公司相关的事件）	社会事件
2009 年	71 岁	〇就任住宅生产团体联合会会长。 〇就任日中建筑住宅产业协议会会长。 〇就任日本建筑住宅中心外部董事。 〇获得《财界》杂志经营者奖。 〇获得经济宣传中心企业宣传奖的企业宣传经营者奖。 ·新设环境能源事业部。 ·将医疗·养老护理支援室与机器人事业推进室合并，新设护理事业推进部。 ·将 Cosmos Life（现在的 Daiwa LifeNext）纳为子公司。	美国举行总统大选，巴拉克·奥巴马当选，美国历史上首位黑人总统诞生。
2010 年	72 岁	〇就任低碳社会住宅与居住方式推进会议委员。 〇《高瞻远瞩：多视角经营者"石桥信夫"的活法》出版。	"隼鸟"号小行星探测器返回地球。

公历	年龄	主要事件 （○是笔者相关的事件， ·是公司相关的事件）	社会事件
2011 年	73 岁	○就任老年人住宅推进机构代表理事。 ○获得《经济界》杂志经济界大奖的优秀经营者奖。 ·为了东日本大地震的恢复和振兴，提供了超过1.1 万户的应急临时住宅。 ·引入街区制。 ·搭载家用锂离子蓄电池的智能住宅"SMA×Eco ORIGINAL"发售。 ·制定第 3 次中期经营计划。	东日本大地震发生。德国女足世界杯，日本女足首次夺冠。据联合国推算，全球人口突破 70 亿。
2012	74 岁	○获得每日新闻社的每日经济人奖。 ○在《日本经济新闻》"我的履历书"专栏连载。 ·将东电生活支援（现在的大和房屋生活支援）纳为子公司。 ·启动大规模太阳能发电站事业。 ·Daiwa House REIT Investment Corporation 上市。	伦敦奥运会召开。

公历	年龄	主要事件 （○是笔者相关的事件， ·是公司相关的事件）	社会事件
2013 年	75 岁	·将 Fujita 纳为子公司。	引入复兴特别所得税。

　　本书是在《日本经济新闻》"我的履历书"专栏连载内容（连载于 2012 年 3 月 1 日—2012 年 3 月 31 日）的基础上，编辑加工而成的单行本。

图书在版编目（CIP）数据

樋口武男自传／（日）樋口武男 著；宋妍 译. —北京：东方出版社，2024.3
ISBN 978-7-5207-3586-5

Ⅰ.①樋… Ⅱ.①樋… ②宋… Ⅲ.①樋口武男—自传 Ⅳ.①K833.135.38

中国国家版本馆 CIP 数据核字（2023）第 145532 号

BONJI WO KIWAMERU WATASHI NO RIREKISHO written by Takeo Higuchii.
Copyright © 2013 by Daiwa House Industry Co., Ltd. All rights reserved.
Originally published in Japan by Nikkei Publishing Inc.
（renamed Nikkei Business Publications, Inc. from April 1, 2020）
Simplified Chinese translation rights arranged with Nikkei Business Publications, Inc.
through Hanhe International（HK）Co., Ltd.

本书中文简体字版权由汉和国际（香港）有限公司代理
中文简体字版专有权属东方出版社
著作权合同登记号 图字：01-2022-4932 号

樋口武男自传
（TONGKOU WUNAN ZIZHUAN）

作　　者：〔日〕樋口武男
译　　者：宋　妍
责任编辑：钱慧春
出　　版：东方出版社
发　　行：人民东方出版传媒有限公司
地　　址：北京市东城区朝阳门内大街 166 号
邮　　编：100010
印　　刷：北京文昌阁彩色印刷有限责任公司
版　　次：2024 年 3 月第 1 版
印　　次：2024 年 3 月第 1 次印刷
开　　本：787 毫米×1092 毫米　1/32
印　　张：7.5
字　　数：104 千字
书　　号：ISBN 978-7-5207-3586-5
定　　价：56.00 元
发行电话：（010）85924663　85924644　85924641

版权所有，违者必究
如有印装质量问题，我社负责调换，请拨打电话：（010）85924602　85924603